都市神域

香港人的聖殿與廟宇

林皓賢、方金平、
孔德維、韓樂憫／主編

推薦序

邢福增
香港中文大學崇基學院神學院教授

涂爾幹（Émile Durkheim）在《宗教生活的基本形式》中，嘗試將「宗教」界定為一種「神聖」（sacred）的事物，涉及了相關的信仰（belief）、儀式（ritual）及群體（community）。眾所周知，不論在社會學或宗教學範疇，如何定義宗教，無疑是個難以化解的千古難題。涂氏這個社會學的入門基礎知識，當然不是完美的答卷，但仍有助我們去認識及思考涉及宗教的各種社會存在。當我們循涂爾幹式（Durkheimian）命題去探究社會各種宗教性現象時，會發現「空間」在其中，具有重要的位置。

空間是「聖」與「俗」的交匯，嘗試賦予世俗之地某種神聖意義，成為建構信仰不可或缺的元素。同時，空間既是實踐儀式的載體，又是信仰群體聚集（內聖）以至實踐宗教使命（外王）的介面。如何發掘涉及城市宗教空間的各種景觀，不僅是宗教研究需要處理的問題，也是城市研究有待開拓的方向。

《都市神域：香港人的聖殿與廟宇》一書，以中西文化交融、華洋宗教並存的香港為中心，將其中涉及的不同神聖空間「再現」（re-present）於讀者眼前。世俗概念的「宗教場所」，無疑反映出在地管治者對涉及宗教「事務」的規管形態，呈現了宗教與政治關係的不同面向。同時，也是結合宗教與社區，遊走於聖俗之間的一趟跨界探索。不同形式（一如楊慶堃[C. K. Yang] 對「制度宗教」[institutional religion] 與「散佈式宗教」[diffused religion] 的經典闡發）的信仰群體，又如何藉由建構與開拓空間，去操練及實踐靈性？這些都是饒具意義，並有待探究的課題。

近年，面對自上而下的歷史再詮釋工程，民間對「自己的歷史自己寫」的訴求，有愈益迫切的反思。如何由下而上地書寫歷史，誠然是這個城市面對的重大挑戰。十多位青年作者，以不同視角去記錄及書寫香港的宗教空間，將那些就在我們身邊存在，卻未有作出深究的「神域」再現眼前。這種對保存本土記憶、書寫本地歷史的熱情與堅持，未嘗不也是一種極具「宗教性」的行為？或者，這正是需要某種「宗教式」的意志，才能在各種困難中努力完成的志業。

「自己的歷史自己寫」，期待更多年輕人參與及投入，在當下建造另一個「神聖」的空間。

是為序。

二〇二三年十一月十五日

推薦序　地理學視角下的香港宗教地景

廖昱凱
國立臺灣大學氣候變遷與永續發展國際學位學程助理教授

宗教座落何處？宗教如何融入文化地景？曾是文化地理學的核心關懷，但卻是經常被地理學家遺忘與忽略。本書從地方歷史與宗教社群的觀點，探究香港的東西方宗教地景的興起、沒落與轉型。為了瞭解此一過程，本書採取多種研究方法，包含史料分析、訪談、口述歷史、實地踏查，以及地圖分析。本書的核心關懷呼應了宗教地理學的三個子題：（一）打造宗教地景與神聖空間；（二）城鄉發展中的宗教世俗化；以及（三）宗教的全球化與媒介化。

首先，宗教地景是人與環境互動下的產物。在二十世紀前葉，宗教與環境兩者深刻地影響文化地景的形成（Kong，一九九〇）。因為環境會提供宗教活動所需的物質資源，而信眾會以信仰解釋環境變遷，甚至塑造環境。例如：伍明笙提到一八九四年清朝雲南鼠疫擴散至廣東，深水埗的客家居民恭迎三太子神像，消災解難，並於疫後興建三太子廟宇。鄭穎欣指出圍村居民可能為了酬謝神恩，消除瘟疫，才興建沙田車公廟。

神聖空間的營造，或稱作神聖化（sacralisation），是需要人們仔細配置物質、象徵與宗教實踐等要素，以賦予空間神聖性。Della Dora（二〇一八）指出學者通常是透過實在取徑（substantial approach）或情境取徑（situation approach），解釋神聖空間。前者是從信徒觀點，描繪置身空間時，體驗到的靈性。陳沛滔認為將軍澳聖安德肋堂是援引「上帝庭園」的概念，來安置祭臺、讀經臺與洗禮池等設施，讓信徒能夠避靜讀經，透過聖像看見福音，區隔世俗生活的時空。後者則是從外部觀點，從政治經濟與社會結構，解讀宗教實踐。胡淑瑜主張一九六三年召開的「梵諦岡第二屆大公會議」，改變了天主教傳教模式，允許以本地語言翻譯經書，進一步促成教區在地化與較開放的教堂設計。在一九九一年，尖沙咀玫瑰堂移除祭臺圍欄，增加聖堂的公共性，向世俗傳福音。一九六〇年代以後，全球歷經世俗化，宗教對於地景的影響不如以前重要。儘管如此，神聖空間仍會經歷去神聖化（desacralisation）與再神聖化（resarcalisation），重組神聖與世俗的邊界。

其次，宗教地理主張信仰與世俗並非二元對立，而是會在不同社會議題，相互競爭或補充。在二十世紀早期以前，宗教地景與城鄉發展、地方社會組織是相互牽動。圍村沙田車公廟是明朝民眾透過依據血緣與地緣的九個鄉約所構成的聯盟組織，主要是改善區內社會環境，以及舉辦車公誕與太平清醮等宗教活動。此一現象與臺灣祭祀圈、社會組織、聚落發展等研究相呼應。在近年新自由主義的脈絡下，宗教團體成為由下而上，提供社會福利與弭平社會不平等的重要行動者（Cloke and Beaumont，二〇一三）。趙子蕎考察座落在屋苑商場的荃灣611靈糧堂，如何透過幼稚園、補習社等機構形式，提供托嬰與青少年教育。林希賢訪談九龍城聖三一教堂的牧師，了解該教會組織大學生和知識份子到鄰近學校，輔導學生課業、心理問題，以及關懷社區長者，以基於信仰的社會服務回應社會問題。梁穎琪、王紹廷、王璇指出在二〇〇二年，屏山金蘭觀融會中西醫，開設醫務部，向香港市民提供義診服務，也到中國賑災。

最後，隨著人口遷徙與資通訊科技的發展，促成宗教的全球化與媒介化（mediation）。Kong（二〇一〇）主張全球轉變（global shifts）不僅加速都市化，導致社會不平等；也因為人口遷徙，形成離散社群，帶動跨國宗教網絡的形成。馮鑫燊指出一九七〇年代，新興宗教哈瑞奎師那傳入香港，用廣東話向華人介紹印度文化與慶典，並替非華裔信徒於家中設置神壇，舉辦街頭點燈節。此外，戰爭也是促成宗教全球化的因素之一。辛亥革命導致眾多中國信徒從內地搬遷至香港，叩問師尊，才將神祇移至香港，成立屏山金蘭觀。另外，因應現代生活，廟方與信眾開始利用網路科技，促成宗教的媒介化，調整信徒與神明之間的情感與靈力連結（林瑋嬪，二〇一八）。陳晞然、李楊詮瀚注意到大埔慈山寺《願。會更好》的線上祈願服務，而林雪怡也觀察到紅磡觀音廟，為了因應COVID-19疫情，改採線上摸庫與代客摸庫。

儘管宗教地理在人文地理的範疇內，是一門相對小眾的次領域，但以宗教作為出發點，能夠擴充地理學對於神聖－世俗、感性－理性、感知－肉體、自然－社會等概念。地理學者也可以進一步探究，不同類型的宗教，如何持續在公私領域、實體－虛擬空間展開，以及構成原鄉－新居地的跨國宗教網絡（Kong and Woods，二〇一六），或是宗教信仰對於修補環境破壞等議題（Kong，一九九〇；二〇一〇）。

參考文獻

Cloke, P., and J. Beaumont (2013). Geographies of postsecular rapprochement in the city. *Progress in Human Geography*, 37(1): 27-51.

Della Dora, V. (2018). Infrasecular geographies: Making, unmaking and remaking sacred space. *Progress in Human Geography*, 42(1): 44-71.

Kong, L. (1990). Geography and religion: Trends and prospects. *Progress in Human Geography*, 14(3): 355-371.

Kong, L. (2010). Global shifts, theoretical shifts: Changing geographies of religion. *Progress in Human Geography*, 34(6): 755-776.

Kong, L., and O. Woods, (2016). *Religion and Space: Competition, Conflict and Violence in the Contemporary World*. London: Bloomsbury Publishing.

林瑋嬪（二〇一八）。〈導論：媒介宗教〉，收錄於林瑋嬪（主編），《媒介宗教：音樂、影像、物與新媒體》，頁一－二十五。臺北：國立臺灣大學出版中心。

推薦序 從「夏蕙BB」說起的香港宗教故事

龔惠嫻博士
Diversity in Hong Kong研究計劃項目召集人

本書是「Diversity in Hong Kong」（Project DHK）的第二本作品，與前作《街坊眾神：世界宗教在香港》一樣，本書祈望從下而上梳理香港的歷史。Project DHK是由一群本地學者牽頭發起的一個關於香港多元文化的研究及支援計劃。計劃初期以支援本地少數族裔和相關歷史研究項目著手，及後漸漸發展成一個涉及香港文化歷史和發展的大型計劃。計劃項目內容羅括香港傳統節日文化、本地非物質文化遺產、本地少數族裔人士群體宗教及文化等多個不同範疇，涉獵範圍之廣亦同時反映著香港社會背後多元的文化。研究團隊期望透過學術研究、知識普及、社會參與及學術研討會四大範疇，豐富本地華裔及非華裔市民的歷史和文化資訊，促進華裔及非華裔市民的文化交融，同時加強公眾對本地文化多樣性和傳承的意識，提升公民意識。

我們這本小書的計劃由二〇一九年開展，由四位Project DHK的成員與十多位參與者共同走訪不同宗教場所，以「由下而上」的視角重構關於香港與香港人的記憶，由「物」而及於「人」，又由「人」回到「物」自身。經歷了寰球疫症及種種人物變動的困難，最終於二〇二四年初整理出版。本書為了香港與對香港有所關懷的讀者而寫。在最後階段，作者團隊特意邀請了作為希望以「夏蕙ＢＢ」聞名於香港各界市民多年的藝人黃夏蕙女士述說了她多年來圍繞黃大仙廟的生活經驗。黃夏蕙在香港的生命經歷了高低起伏，年輕時曾名動香江，又曾因種種外緣，經歷毀譽參半的數十載，晚年的「夏蕙ＢＢ」卻藉種種努力，成為香港全城跨越立場與世代的公因數。黃大仙廟前的「夏蕙ＢＢ」，總會在大家說出「她大概只能這樣了」的時候，以大家想像不到的形象粉墨登場。

「夏蕙ＢＢ」對一般想像與秩序的反叛性與顛覆性，是我們思考香港與香港宗教場所的切入點。真・香港人是會明白的。

目次

東方宗教

導論　「神域」的記憶：拼裝都市中的香港宗教場所*

孔德維
早稻田大學高等研究所助理教授

受管控的空間

根據一七六七年的《清真寺常住碑記》，一七三〇年大元・兀魯斯（Yeke Yuwan Ulus）治下的臨安路河西縣建成了當地最大的清真寺。自建成以來，今天被稱為納家營清真寺一次又一次蒙難與重修。最近的一次，大約二〇二三年五月二十七日，中國的社交媒體上流傳出

* 本文有關宗教場所與土地法律部分，曾於撰寫過程向邢福增教授、龔惠嫻博士、李爾雅女士及陳可樂先生分別請益，並獲賜不少重要資料與意見；有關拼裝都市／裝配都市主義（assemblage urbanism）的引用，則源於二〇一八年廖昱凱博士於「關鍵評論網」（The News Lens）的「都市理論爭辯」系列文章，至二〇二三年本書編校時，恰巧與廖昱凱博士同於國立臺灣大學人文社會科學發展中心任職，復多次向廖博士請益，並蒙允為本書作推序，特此一併致謝。

當地穆斯林試圖阻止中國政府拆除清真寺的影片，當中教親與中國警察激烈衝突。中國官方聲稱當地法院於二〇二〇年已裁定清真寺穹頂違法並下令拆除，但納家營清真寺卻曾在二〇一八年被列為文物保護單位。[1]這次衝突，顯然與習近平政府近年倡導宗教「中國化」、及維繫「社會主義核心價值觀」相關。熟悉近年中國宗教政策的讀者，很容易會聯想到二〇一四年浙江省溫州著名的「強拆十字架」事件。事緣二〇一三年十月，時任浙江省委書記夏寶龍（一九五二—）視察溫州「美麗鄉村建設」計劃時，認為三江教堂頂端十字架「有問題」，故要求教會拆去，三江教會便從十一月十三日起靜坐抗議。在經過夏書記的徹查後，政府以違章建築的名義，以爆破隊、特警、公安、交警等國家武力與三千多名拒不受命的信仰者對決。雖然最終保護了公開露出的十字架，但卻為未來十年以「三拆一改」為名的清拆十字架政策牽起序幕。[2]

1 參納文冬：〈納家營清真寺的變遷〉，納家營清真寺網站，https://web.archive.org/web/20100731060143/http://www.njy.cn/Article/ShowArticle.asp?ArticleID=945，瀏覽於二〇二三年九月二十三日；〈中國雲南清真寺疑遭「強拆」，警民衝突引「宗教中國化」疑慮〉，BBC中文網，二〇二三年五月三十一日，https://www.bbc.com/zhongwen/trad/chinese-news-65752908，瀏覽於二〇二三年九月二十三日。

2 有關三江教會衝突的一手史料，可參溫州基督教徒的整理，參楊愛程：〈關於「浙江省拆十字架與教堂事件」的綜合報導〉，《真理報》，二〇一六年一月二十六日，https://web.archive.org/web/20160126185747/http://globaltm.org/index.php/itm-world-religion-1508-1，瀏覽於二〇二三年九月二十三日；較為全面的政策研究，參邢福增：〈拆十字架的政治：浙江省「三改一拆」運動的宗教——政治分析〉，《新時代中國宗教宗教場所成為政府與信仰者間的矛盾點並不單單出現於現代中國。如果說納家營清真寺與浙江基督教會的大型宗教裝置牽涉到公共空間的使用，二〇一八年六月一日中國國家宗教事務局發佈的〈宗教臨時活動地點審批管理辦法〉所關心到的「家庭教會」與「臨時活動地點」問題，更能呈現管治者對宗教活動的空間使用有何態度。簡單來說，當政權能掌握宗教團體使用公共空間的權利時，宗教團體的信仰與活動內容往往得以被操縱，這在需要「牢牢地把握黨的領導」的政權來說，當然是天經地義；但對信仰者而言，大抵觀感卻未盡相同。[3]這裡真正的問題是，在現代的城市空間規劃中，如果工業活動、商業活動、居住空間均需要被規管與安排，宗教活動的空間被規管時，為何會造成這麼大的反彈呢？這顯然不是中國獨有的問題。如果說基督宗教的「家庭教會」是因為不希望與黨國認可的「三自教會」結合而產生空間使用的問題，在相對自由的新加坡，基督宗教團體因空間不足的困惑與衝突，就更能呈現問題的核心。

Orlando Woods 的新加坡案例反映了政府面對地狹人稠的壓力，而鮮少釋放新的土地供宗

秩序與基督教》（香港：德慧文化圖書有限公司，二〇一九），頁一九八。

3 邢福增：〈從《宗教臨時活動地點審批管理辦法》看黨國對家庭教會的管控〉，《新時代中國宗教秩序與基督教》，頁一三一至一三九；有關宗教活動空間與政教關係及跨宗教關係的理論，可參考Lily Kong and Orlando Woods, *Religion and space: Competition, conflict and violence in the contemporary world* (London: Bloomsbury, 2016).

教用途，多年來更因為公共基礎設施需要而撤回宗教用地。因此，新加坡的宗教空間通常更多地具有功能性、臨時性，而非其他地方慣見的神聖性與永久性。政府與土地持有人更傾向於以交易方式來對待宗教空間，並且通常服從國家發展議程的規劃與市場變動的大潮流。在這種大前提下，快速發展的基督宗教就像在中國一樣，面臨了土地不敷應用的問題。自一九八〇年代以來，新加坡的基督教會已因信仰人口增加而開始使用商業大廈舉辦活動；到後來，更有建於廢棄電影院、租用酒店宴會廳等創意安排。新加坡市區重建局（Urban Redevelopment Authority）基於宗教對世俗領域侵入的擔憂，終於在二〇一〇年七月發布了關於商業場所用於宗教目的的新規定作為回應。根據新的規定，商業場所用於宗教活動不應擠佔商業用途，或改變這些地方的世俗性質，規定從空間使用（小於兩萬平方公尺或總樓面面積的百分之二十，以較低者為準）、使用時間（每週不超過兩天）、識別裝置設立（限制對外使用宗教標誌或符號）等方式，限制宗教團體在「非宗教用地」的活動。

這一系列類同於中國宗教活動的空間限制，自然地令宗教團體感到難以應付。於是，宗教團體很快又轉到其他公共空間舉制儀式。在規定實行後不久，傳媒遂發現學校在非授課時間開始被用於宗教活動。市區重建局關於商業場所的規定，顯然不適用於學校一類公共用地，該局於是很快又提出了宗教團體使用學校的規定。在新一輪的規定中，最嚴格的是只有宗教團體辦理的學校可以用於宗教活動，這令新的灰色地帶又大為縮減。在二〇一一年以後，宗教活動開始出現在工業場所，較於商業場所，早已退離密集工業化的空置工廈價廉物美，吸引了大批宗教團體遷入。留意到新一輪發展的市區重建局當然不會無所作為，到二〇一二年底有關宗教活動使用工業場所的政策便應運而生。新政策對工業場所的要求，乃類同於商業場所的規管。宗教團體與新加坡政府貓捉老鼠的遊戲在二〇一〇年代一直持續下去。Orlando Woods 留意到的是，宗教活動與政府監管的互動漸次令新加坡發展出一套成熟的政策與回應模式：政權以監管空間的規劃和應用致力控制宗教團體的增長和擴散；宗教團體則不斷採取新的活動形式，迴避了與宗教空間相關的法規，更進一步的，就是選擇性地營運未登記的宗教團體免受監管。這種做法令這些宗教團體失去了其他宗教所獲得的政策優惠（如稅務豁免），但卻使他們得到了更大的自由。這正正類同於中國基督宗教「家庭教會」的做法，所異的是，不登記的宗教團體在新加坡所面對的壓力不可能與「家庭教會」相比。[4]

讀者可能會誤以為這種衝突在崇尚多元主義（multiculturalism）或自由主義（liberalism）

---

[4] Orlando Woods, 'Spaces of the Religious Economy: Negotiating the Regulation of Religious Space in Singapore', *Journal for the Scientific Study of Religion*, Vol. 57, No. 3. 2018, pp.531-546；有關新加坡市區重建局的政策，可參官方網頁：'Guidelines for use of commercial spaces for religious purposes', Urban Redevelopment Authority Website, last modified 26th September, 2023, https://www.ura.gov.sg/Corporate/Property/Business/Change-Use-of-Property-for-Business/related/Commercial-spaces-religious-purposes?fbclid=IwAR2oiNoEtfeq8yQHCZ2RM1g4THpbhZy6ImQTRoGLqQirTZcQePju8hu5hvo.

的歐美國家得以簡單處理，但事實上在全球一體化的人口與宗教流動的處境下，傳統以民族國家（nation-state）或政府為中心、或是以政教關係（religion state relationship）為分析框架的進度漸漸難以解釋城市空間與宗教活動的複雜關係。

我們大概對夏寶龍或李光耀規管宗教場所的思路有一定的想像，但除了意識形態的整合外，關於宗教活動空間的管理有著其他原因，包括崇拜場所的安全問題、使用者數量和規模對公共交通服務的影響、活動對第三方的干擾，如聲音污染、空氣污染、節慶活動的道路與公共空間使用權、宗教儀式（如喪葬、宰殺動物）構成的空間衛生問題，以至於申請使用空間的宗教團體的代表性，及其他國家層級法規（如性別平等、國家安全）的要求等等。然而，政策與法規在任何社會都會構成權力的層級關係，從而影響到空間使用者的行為。Martínez-Ariño在二〇一八年探討法國三個城市的宗教法規及其與法國世俗模式（laïcité）之間關係的研究中提出，城市空間管理過程中，往往是使特定的宗教表達方式被分類為「合法／非法」、「可接受／不可接受」，並在很多情況下會演化為更廣泛、與空間無關的法規全面地規管宗教的表達。

Marian Burchardt 關於加拿大魁北克（Quebec）的案例則深化了 Martínez-Ariño 的觀點，為國家 vs. 宗教的對立框架添上了更多的因素用以分析。他提出了很多學者所關心的空間治理過程所建立的「秩序」只存在於政策文字，但「都市拼裝體」（urban assemblages）卻不會根據政權想像的「秩序」發展。由異質元素組成的「都市拼裝體」，由無數力量互動而形成。舉例說，當空間被用於宗教目的時，城市內或外的不同人士或許有所爭議；在具有效政府的國家中，這些關於空間的爭議會受到市政府的規範。在民主國家中，市政府的官僚會執行政權的旨意，但也會受到司法系統的挑戰。在這一系列互動中，宗教信仰者也可能以局內人（市民／公民）的身份參與「政權」的決策與執行過程。在中國和新加坡的案例中，我們也可以看到宗教團體修正自身的活動形式或信仰，通常會重新翻新、搬遷、重新裝飾他們的場所，或是更改組織形式與法律身份，以使自身符合某些行政定義或分區規則。因此，被規範的宗教在「都市拼裝體」當中不斷變異，有時從一個領域和監管機構治下轉移到另一個，有時更成為了建立規範的推動者。[5]

迄今為止，專門關注宗教與城市空間治理的研究尚未普及，關於城市法規的範圍和內容的知識非常不足。為了系統地探討城市的空間配置與宗教活動的關係，Martínez-Ariño 與 Marian Burchardt 等社會學者關心的是「為什麼特定城市在歷史的特定時刻出現特定的法規？」他們留下一系列的相關問題以待學界共同努力：相關法規是否會跨國傳播？它們是由自下而上，為解決具體問題而漸次構建？還是自上而下，由「政府」所掌控？受到媒體關注的宗教議題對空

[5] Marian Burchardt, 'Religion in urban assemblages: space, law, and power', *Religion, State & Society*, Vol.47, 2019, pp.4-5, 374-389.

間治理又有何影響？宗教間的互動又構成了何種影響？Martínez-Ariño 與 Marian Burchardt 尤其重視以多層次的方法來解決這些問題。他們認為研究需要包括從市政、國家和超國家的層面，重構宗教活動空間在複雜的階層性框架與不同能動者互動的過程。[6] 這一系列的進路，的確有助我們理解宗教在城市空間治理中的更多必要資訊。不幸的是，這並未能使宗教空間爭議的最核心問題得以呈現。

神聖的空間

現代宗教研究的巨匠伊利亞德（Mircea Eliade, 1907-1986）關於神聖空間（sacred space）的介紹，就正正解答了這一問題：

> 神聖空間從來不是由人（注：信仰者）「選擇」（chosen）的，它只是被人發現；也就是說，神聖空間以某種方式向人「展示」自身。這種「展示」（revelation）並不一定通過自然的聖顯（hierophantic in nature）而產生；有時候它也可以通過傳統技術所構造的

[6] Julia Martínez-Ariño, ‘Conceptualising the Role of Cities in the Governance of Religious Diversity in Europe’, *Current Sociology*, Vol.66, No.5, 2018, pp.810-827.

中介（medium），在於一個宇宙觀的系統（a system of cosmology）中定向而成。[7]

伊利亞德這段引文對我們的討論最為關鍵的貢獻，在於他提出了神聖空間不是由信仰所選擇。但其重要性並非不證自明的，我們需要逐步闡釋伊利亞德的觀點。黎志添在解釋伊利亞德的宗教理論時，指出其核心在於他不懈地探討「神聖」自身在此世的「顯現」，該概念「Hierophany」一般被翻譯為「聖顯」或「神顯」，而伊利亞德的宗教研究也就集中於「聖顯」的完整性和複雜性。[8]「聖顯」作為信仰者與神聖存在（sacred being）接觸的「中介」，在空間上帶來一個「神聖」與「凡俗」之間的突破點（break）。也就是說，原本是同質的「空間」從此發生了本質的變化，成為了一個「開口」，使得信仰者有可能由一個宇宙區域通往另一區域。[9]舉例說，對天后／媽祖信仰來說，福建莆田的湄洲島作為林默的出生及羽化升天之地，對信仰者來說具有無可比擬的神聖地位。蕭信宏近來有關從福建、廣東到湄洲媽祖廟進香的研究，指出與「祖廟」的聯繫被認為可以增強香火的靈力，就呈現了這種神聖自我顯

7 Mircea Eliade, *Patterns in Comparative Religion* (London; New York: Sheed & Ward, 1958), p.369.

8 黎志添：《宗教研究與詮釋學：宗教學建立的思考》（香港：香港中文大學出版社，二〇〇三），頁十五至十九。

9 伊利亞德著，楊素娥譯：《聖與俗：宗教的本質》（臺北：桂冠圖書，二〇〇一），頁八十六至八十七。

現的空間與信仰發展的關聯。[10]

當然，隨著信仰者的遷移，「神聖空間」也會被不斷重新建構。伊利亞德指出「聖顯」作為一開放超越意義的圖像，使凡俗的空間得以具有意義，也可以被重複建立與複製。被複製的「聖顯」，可以是符號、象徵或依循某套儀式或設計方式構築的空間，它會成為新的「神聖空間」的核心。[11]但這種複製有賴於信仰中一系列的規則。伊利亞德曾引用《希伯萊聖經》之例較清楚地說明：在《希伯萊聖經》〈出谷記〉第二十五章八至九節中，以色列人的神對他們的領袖說明了在居住地建造「神聖帳幕」的指令：

> 他們（以色列人）要為我建造一座聖所，好讓我住在他們中間。我現今指示你作帳棚和其中一切器皿的式樣，要完全按照式樣去製造。[12]

以上使以色列人得以將神聖帶入世俗空間的指令在隨後的章節被詳細的描繪，我們可以留意到構築的細節旨在令每個「聖顯」保持同質性。在《撒羅滿智慧書》，類近的「複

10 參蕭信宏：《香火競爭：清代媽祖廟的湄洲進香》（臺北：秀威資訊科技有限公司，二〇二三）。

11 伊利亞德著，楊素娥譯：《聖與俗：宗教的本質》，頁八十六至九十七。

12 《出谷記》（思高本），第二十五章，節八至九。

製」觀念又被提到：

> 你曾命我在你的聖山上建造聖殿，在你居住的城邑內修築祭壇，仿造你起初所備置的聖幕的樣式。[13]

以上的說明，主要交代了「聖顯」與「神聖空間」的複製不是隨意的。宗教場所的選址自然受到此世的不同條件所規範，但當信仰者需要構築「神聖空間」時，他們信仰的神聖存在往往會對之有不同規範。即使是臨時性的宗教場所，「神聖空間」的建構也是建基於多種信仰內部的規則的。以田仲一成在一九八一香港林村鄉放馬莆天后廟建醮祭祀的考察為例，綿延一年的祭祀，無論日期和場地，要通過在林村天后廟的神明之前卜算才可決定；當年則由卜師蔡伯勵根據緣首的生年推定各項儀式的日期，包括發奏、上頭表、二表、諸棚紮作、開搭醮棚、齋灶建設、上第三表、取水、淨壇、揚幡、迎神登壇、啟壇建醮、啟人緣榜、完醮及最後的送神回位。在神聖空間的建立過程中，作為儀式專家的道士根據科儀書《靈寶發奏全科》、《三朝科》、《淨壇科》等聖典，以及其經師承傳播的專門知識，在每一步驟重現過往道士建構「神

13 《撒羅滿智慧書》（思高本），第九章，節八。

聖空間」的行動。從田仲一成細緻的紀錄可以看到，建構「神聖空間」的儀式如何盡可能依據傳統進行，意圖「聖顯」臨在的方式複製。但讀者需要留意的是，我們當然不是要提倡一套「去脈絡」（decontextualise）與「非歷史」（ahistorical）的想像，假定儀式在傳承過程中永久不變。事實上，為應對不同信仰者的需要，道士在建醮或酬神的儀式中，會根據實際的環境與條件對儀式作出改動。田仲一成等學者在一九七〇年代以來在香港、臺灣及華南各地的田野考察工作，意義正正在於觀察儀式與信仰在具體執行過程中的變化。[14]

這裡引出了一個重要的問題：如果複製「聖顯」與建構「神聖空間」的過程中添上了當代宗教人的創造，那麼甚麼能改、甚麼不能改、甚麼應該改、甚麼不應該改便是我們應該關心的主要議題。宗教的傳承與變革，一般基於信仰者內部的抉擇，也充滿了含混性（ambiguity）與詮釋性，對學者或管治者來說，也就構成了難以定義的問題。宗教與社會的互動難以簡單闡釋的原委，正正是因為宗教現象充滿了含混性，具有長遠的歷史脈絡，不同時代的信徒與觀察者對「聖顯」與信仰作出了多層的詮釋，不同的信徒以己身的觀點呈現自身信仰，再加上無數的歷史偶然性，築起了一個又一個複雜的宗教世界觀與價值體系。黎志添在處理這種含混性時，引用了 Jean-Francois Lyotard（一九二四－一九九八）的觀點，提醒研究者宗教對社會同時

14 田仲一成；錢杭、任余白譯：《中國的宗族與演劇：華南宗族社會中祭祀組織、儀禮及其演劇的相關構造》（香港：三聯書店（香港）有限公司，二〇一九），冊上，頁二五四－三五五。

具有「世界秩序的鞏固」（world-sustaining）、「世界秩序的轉化」（world-transforming）和「世界秩序的破壞」（world-destroying）這三種特性。[15]黎志添的觀點對我們的討論有深刻的意義，在我們上述所介紹，關於「聖顯」、宗教儀式與「神聖空間」的討論時，我們彷彿刻劃了一個宗教可以建構不同結構圓滿的世界觀，但社會的秩序往往不是單一宗教的世界觀可以支配，而當社會或世界的既定秩序與宗教的世界觀具有矛盾時，二者或會相互轉化，也可能會相互破壞。這種對此世秩序的破壞能力，自然也會招徠此世秩序管理者的不安。

要注意的是，上述所說的秩序破壞，並不單單是說帝制中國所面對的太平道、白蓮教起事，或是中世日本佛教、歐洲天主教團以武力或經濟實力對政權帶來挑戰的行為；而是包括了宗教信仰者自身的信條與社會的日常公共秩序之間的張力。請容筆者以與之交流多年的香港伊斯蘭教與錫克教案例說明。香港的中華回教博愛社楊興本及楊興文教長曾多次提到，一般香港市民，即使是年長或患有長期病患，如在手術後或進院後猝死，醫院有法律責任為死者進行醫學解剖，以釐清醫院方有無醫療事故之責任。然而，如死者為穆斯林，一般均會批准豁免。另一方面，一般死者逝世後，香港的治喪儀式及不論形式的葬禮都往往需要經歷漫長的等待，但香港政府為了讓穆斯林亡者符合教規，即使是「年初一」政府生死註冊處停業，穆斯林死者的

15 黎志添：《宗教研究與詮釋學：宗教學建立的思考》，頁一三三—一三六。

家人也可以改為到警署申領「遷移及埋葬遺體許可證」，並在一到兩天內在伊斯蘭墳場完成土葬。如果說關於香港伊斯蘭的喪葬只是政府的行政部門便宜行事，二〇一八年關於錫克教信徒攜帶匕首（Kirpan）進入勞資審裁處出席聆訊的案例，就是宗教與此世秩序更明顯的矛盾。

事緣二〇一八年三月，香港警察接到法庭保安報案指一名男子身懷利刃的闖入法庭，故派出多名衝鋒隊警員持盾牌及警棍趕至，發現一名印度籍男子身上藏有武器，故將他與一名同行的同鄉帶回警署。雖然警察事後理解到匕首是作為宗教用途的器物，故在十多小時後無條件釋放二人，但香港法律界卻對此提出疑義。執業大律師陸偉雄就向《東方日報》提出「本港絕對尊重宗教，但大前提要乎合香港法律。教徒可申請牌照以獲准豁免攜匕外出」，但他認為出街是一回事，上庭卻是另一回事。對陸偉雄來說，「法庭是莊嚴之地，警察都不能帶槍入內，為防潛在危險，應禁絕任何攻擊性武器，除非預先得到批准則另當別論。」同樣感到不滿的還有在香港業已立足百多年的錫克教團。他們認為此事件凸顯出警隊前線人員處理類似事件的經驗不足，且司法機構對少數族裔的宗教和文化了解不足，於是向香港政黨民主建港協進聯盟港島區立法會議員張國鈞尋求協助，期望警方和司法機構能吸取教訓，進行內部檢討和改進。張國鈞議員、民建聯少數族裔委員會主席孔昭華以及青年民建聯主席顏汶羽遂在四月安排香港錫克教代表與香港警察代表會面。在會面中，錫克教代表提到，儘管當事人被扣留十多小時後獲無條件釋放，但此事件已經被廣泛報導，尤其是當事人被扣上手銬帶署調查，對錫克教的形象造成了損害。他們呼籲警方加強內部教育和培訓，制定明確指引以應對類似事件，以避免再次發生。同時，他們也與陸偉雄一樣認為香港政府應該研究發出證明文件，讓錫克教徒證明他們有權於公眾地方攜帶匕首。然而，從警察代表的回應中我們卻可以留意到，錫克教徒之所以能攜帶匕首，是因為香港法例將明明是匕首的「Kirpan」不視為武器。[16]

無庸置疑，作為國際都會的香港，「此世」的公共秩序實有必要為諸宗教與文化的共存作出調整；但如單從宗教與世界秩序關係的角度看，它確然對秩序作出轉化以至破壞。同樣的挑戰，也會在公共空間使用的層面出現。從抽離宗教自由或政教分離等概念的角度思考，上文提到的納家營清真寺、溫州三江教會與新加坡商廈與學校的基督教會都是典型宗教與此世秩序對立的案例，各地政府嘗試以固化的分類框架限定宗教活動的空間使用。兩者之間的核心矛盾在於宗教活動所使用的空間有異於一般經濟或文化活動的空間，信仰者對神聖空間的營造具有自宗教而來的規範，而這些規範對信仰者來說具有真實和不可取代的意義，同時又無孔不入地滲透到他們日常生活當中。於是當此世的政權簡單地以行政方式企圖規範宗教行為時，我們就會

16 〈錫克教徒攜匕首入法庭．警指不涉刑事放行〉，《東方日報》網頁，on.cc東網，二〇一八年三月二十二日，https://hk.on.cc/hk/bkn/cnt/news/20180322/bkn-20180322102253951-0322_00822_001.html，瀏覽於二〇二三年七月二十一日；〈警方與錫克教代表會面商討攜帶宗教匕首進入公共場所事宜〉，民建聯網頁，二〇一八年四月十四日，https://shorturl.at/ckGKU，瀏覽於二〇二三年七月二十一日。

看到很多具體的困難出現。舉例說，當新加坡政府認為商業場所用於宗教活動不應擠佔商業用途時，相關規範對於穆斯林的定時禱告、基督徒的飯前祈禱、佛教徒之間以佛號祝誦又是否能管理呢？這明顯是無法執行的，但如果非宗教用途的空間不能用作宗教用途的規則對這類個體行為的信仰不能管理，那「能」與「不能」之間的界線又如何劃定呢？這裡引出了無窮的問題需要持份者解決。

香港的神聖空間

以上的難題，香港有另一套方式處理。香港宗教團體如果沒有自己土地而需要新土地，其方式包括申請政府土地、經私人協約獲得城市規劃委員會的土地、購買或租用商業樓宇、商住樓宇的空間或申請使用民政事務總署轄下的社區會堂／社區中心或康樂及文化事務署轄下的設施舉行聚會。根據時任民政事務局局長曾德成在二〇〇八年對立法會議員梁耀忠的回應，香港政府在土地用途規劃時會預留適當土地，包括稱為「政府、機構或社區」用地，可供政府、機構或社區設施使用，當中包括宗教設施。當宗教團體屬意的空間不是政府土地，他們也可以私人協約的方式，根據《城市規劃條例》的規定，向城市規劃委員會申請在原先規劃用於「其他用途」的土地上興建宗教設施。在以上的案例中，宗教設施一般都是在土地上的建築物，而在二〇一一年立法會議員陳偉業對曾德成的提問中，曾德成也重申「宗教團體可按其需要在各區覓地以興建宗教設施。政府並不會在各區預留土地指定作興建宗教設施之用」。這就是說，香港政府不同於中國或新加坡，並沒有將「宗教用地」視為特殊土地用途，而是屬於公共空間的一種。因此，當宗教團體以購買或租用商業樓宇、商住樓宇的空間或申請使用民政事務總署轄下的社區會堂／社區中心或康樂及文化事務署轄下的設施解決空間不足的需要時，他們不會遇到中國或新加坡宗教團體所受到的「宗教用途侵入世俗領域」的指控。[17]

對香港政府來說，宗教團體在土地與空間應用過程中所能獲得最大的支持，就是容許宗教團體根據《稅務條例》第八十八條，申請成為公共性質的慈善機構和信託團體以獲得優惠地價；或在批出宗教用途的土地上建成多功能的建築物時，根據宗教設施佔據的樓層面積計算地價，也就是在建築物的宗教空間收取低地價，非宗教空間收取正常地價。作為宗教團體申請成為公共性質的慈善機構或信託團體以獲得稅務、地價優惠，主要也不是根據宗教的信仰內容與教義，而是他們需要將所得利潤只用於慈善用途、並將大部分慈善開支用於香港境內。雖然條

17 〈立法會十三題：宗教信仰自由〉，香港政府新聞公報網頁，二〇〇八年四月九日，香港時間十四時二十三分，https://www.info.gov.hk/gia/general/200804/09/P200804090164.htm，瀏覽於二〇二三年七月二十一日。〈立法會十四題：可供興建宗教設施的用地〉，香港政府新聞公報網頁，二〇一一年十一月九日，香港時間十一時三十二分，https://www.info.gov.hk/gia/general/201111/09/P201111090163.htm，瀏覽於二〇二三年七月二十一日。

例也有要求宗教團體的業務須與宗旨具密切相關及促進社會和宗教和諧的要求，但這一般都是文字創作的工夫，鮮有宗教團體不能通過。

以上的做法並不代表香港政府對於宗教團有特別的支持，事實上除了稅務和地價優惠之外，民政事務局不會為任何宗教團體提供其他財政支援或貸款。但這裡的一個重要細節是，香港的宗教團體可以不申請成為慈善機構或信託團體，而以有限公司或社團等其他方式合法地運作。直至二〇二二年，美國駐港澳總領事館的《香港國際宗教自由報告》（*Report on International Religious Freedom: China-Hong Kong*）都觀察到「法律……沒有規定宗教團體向政府登記」。[18] 香港政府對參與宗教事務的節制，與區內的其他政府相比較其實不是普遍的。如果以東亞同樣被視為享有宗教自由的臺灣比較，臺灣政府對宗教建築物與空間應用的管理遠為綿密。

據臺灣長期關心宗教法律的李永然律師在二〇一九年所述，「宗教建築物」指的是供宗教儀式或活動使用的場所，包括神殿、佛堂、聖堂、講堂、禮拜堂、宗教協會大樓、牧師住宅、禪修中心、辦公室、會議室、廚房、餐廳、盥洗室等與宗教有關的建築物。相關的法律可以分為都市土地與非都市土地兩種。根據《都市計劃法》的規定，都市土地可以劃分為住宅區、商

18 〈2022年度香港國際宗教自由報告〉（中文譯本），美國駐港澳總領事館網頁，二〇二三年七月，https://rb.gy/cdzd7，瀏覽於二〇二三年八月三十一日。

業區、工業區等，也可以根據實際情況劃分其他使用區域或特定專用區域。以高雄市為例，根據《都市計劃法高雄市施行細則》的規定，它劃分了許多不同的使用區域，當中包括宗教專用區。宗教建築可以在住宅區、商業區、工業區（特定條件下，總樓地板面積不得超過五百平方公尺）、風景區、其他使用區（宗教專用區）建立。這一處理方式，體現到宗教行為會發生於日常生活的不同部分中出現，而無法將之孤立出來，這類同於香港不將宗教用地特別劃分的做法。然而，臺灣的宗教團體想在這些使用區域以外興建宗教建築，就需要進行都市計劃的檢討，將土地劃入「宗教專用區」。非都市土地則分為不同的建築用途，包括特定農業區、一般農業區、特定專用區、鄉村區、工業區、遊憩用地以及特定目的事業用地。特定目的事業用地是指申請人計劃興建宗教建築，按照《非都市土地使用管制規則》的規定，可以將非都市土地劃分為特定目的事業用地。在辦理這個過程中，需要注意土地是否位於區域規劃中的各種環境敏感地區，再行向當地政府提出不同的申請。[19]

然而，李永然與陳贈吉律師在同年發表的另一文章中卻指出，臺灣因為殖民歷史與產權混亂的原因，令大量宗教空間出現違章建築、佔用公有土地等問題，也有不少宗教團體陷入宗教產權相關的官司當中。李永然等敏銳地留意到的是，臺灣政府有致力推廣宗教禮俗、節慶、文

19 李永然：〈宗教建築物之土地利用的法律解析〉，《幸運雜誌》，二〇一九年十二月，第一一五期，頁七。

化、慈善等活動的傾向，卻沒有輔導宗教團體解決或避免宗教用地與宗教建築的相關問題。在該篇論文中，李、陳兩位律師整理出部份政界與法律界的意見，是希冀臺灣政府將「宗教區」與「宗教用地」納入《區域計畫法施行細則》及《都市計畫法》的分區選項當中；同時，政府應該增加「宗教輔導」的資源，以更進取的態度參與宗教事務。

政府對於宗教事務以更主動的方式「輔導」或是以更放任的方式對應更為合理，屬於一個價值判斷的問題。這本意圖為讀者介紹香港宗教場域與社區關係的小書，卻希望藉各個宗教的案例呈現，香港豐富而多元的宗教圖像源於香港的自由與政府多年的放任政策。我們認為，宗教的含混性與對此世秩序的顛覆性，對於構成人類社會複雜的宗教現象具有無可替代的價值。各種此世的、固化的秩序因為不同宗教的衝擊而得以保存社會中的多樣性。多樣性是重要的，當社會內只具有單一的生活方式、思想、對待事物的態度時，我們會因為缺少受到挑戰的機會而陷入各種思考的盲點。沒有了思想的競爭，也自然難以出現變化。

本書命名為《都市神域：香港人的聖殿與廟宇》，其實是受二〇〇九年川原礫撰寫、abec繪製插畫的日本輕小說作品《刀劍神域》（ソードアート・オンライン）啟發而成。《刀劍神域》述說大型電子機械製造商 ARGUS 在二〇二二年發佈了能夠讓使用者可以通過實現虛擬實境的機器 NerveGear 進行「完全潛行」（Full Dive）以進入虛擬世界，讓使用者參與大型多人在線角色扮演遊戲的故事。在故事的開端，主角與約一萬名玩家以 NerveGear「完全潛行」進入虛擬世界，但卻發現自己不能登出，繼而被遊戲設計者告知：不能完成遊戲便不可以離開這個世界，而在遊戲內死去或是在現實世界中強行斷線，玩家也會在現實世界中死亡。至此，「虛擬」的世界成為「現實」，而該作品系列在後續的故事中，也以探討未來世界中的「虛擬」與「真實」為軸心。事實上，正如伊利亞德所觀察到，宗教不需要NerveGear也能為信仰者提供此世以外的一個「真實」的世界，當中的規範也對「玩家」來說具有不可取代的意義。因此，在都市中的「聖殿」和「廟宇」在某種角度看來，可能不是真正的「神域」，而是《刀劍神域》中的NerveGear，它們之所以是信仰者的「神聖空間」，是因為信仰者能在當中覓得作為通道與突破點的聖顯，繼而回歸到「真實」的「神域」。這個「神域」對非信仰者或都市的管理者來說，是「虛擬」的世界，當中賦予信仰者的價值，也自然是無足掛齒的。

上引「都市拼裝體」的討論，留心到無數力量牽引著城市的發展，作為市民、移居者、旅客、投資者，或是包括都市管理者在內的不同持份者，往往會就經濟、文化、政治的不同考慮「拼裝地」建設都市。這些裝配都市主義（assemblage urbanism）的討論認為都市是由「人」與「非人」在社會－技術－物質的不同配置下，由下而上地組成。包括基礎設施、新科技等物質層面的事物與不同持份者在具體處境中的想法，譜成了恆久變動、不均且碎片化的都市。其中，Matthew Gandy關於「人機融合的城市化」（cyborg urbanization；臺譯為「賽博格都市化」）描述城市中的人類與科技系統（如供水網絡、供電網絡）的結合，對我們的討論尤為重要。[20]一些裝配都市主義者重視技術與物質對都市形構的影響，是對城市研究領域的一大突破；但我們同樣不能忽略的是，在城市中的個體，同樣會因為他的宗教為他賦予的「真實」，影響此世的空間發展。在裝配都市主義的敘事中，我們往往可以看到不同的「點」在片狀的網絡中發揮功效，他們可以互為競爭，也同時互相催生出新的圖像。在這框架下，我們希望提出的是，不少研究者與城市的管理者都忽略了宗教場所是一種特殊的「點」，因此他們也以一般的處理方式，希望為宗教空間與用地劃下規限，把宗教視為生活的一部分。正如買餸的空間、休憩的空間、工作的空間，它們都是有需要時到訪的「點」。但如果我們留意到宗教對日常生活的滲透性時，我們就會理解到宗教空間為何經常構成社會中的爭議。這些對信仰者來說是「真實」與意義來源的「點」，對其他人來說可能是無聊而虛構，甚至是有害的事物。對世俗化的城市管理者來說，從空間入手規限宗教場所，並訂立法律與規則使「使用宗教空間」歸入可控的「秩序」，在這脈絡下也就合理了。

但真的只能是這樣嗎？在香港的案例中，城市管理者以最低限度的方式規限宗教活動與空間的使用，這令香港的宗教場所得以在城市中的不同地方，以不同形式構成信仰者珍視的「點」。在「秩序」主導的思維下，不同宗教的信仰者很可能會為此生出無限干戈。然而，參

20 Mattew Gandy, "Cyborg Urbanization: Complexity and Monstrosity in the Contemporary City", *International Journal of Urban and Regional Research*, Vol.29, No.1, 2005, pp.26-49.

與本書考察與製作的學者卻有不同的經驗。本書由十一篇田野考察的論文組成，共十八位研究者的考察團隊走訪十一個香港宗教場所寫成。有別於一般宗教場所的研究，團隊並沒有從宗教場所的管理者的角度出發，反而致力於思考一般信仰者及場所鄰近的街坊使用這些 Nerve Gear 去了怎樣的「神域」。照理說，「神聖空間」往往只對信仰者而言有「真實」的意義，但從非信仰者的受訪者中，這十二個聖殿與廟宇卻不是無聊的存在，而是在他們生活經驗中重要的組成部份。這些訪問，除了介紹香港的宗教場所外，也提醒了我們宗教的開放性在有限的空間中，不一定會為社會帶來矛盾與衝突。

我們希望讀者能體會到作為國際都會的香港，如何具有無數獨立於經濟興衰與政治浮沉的「神域」。不同於阿巴斯（Ackbar M. Abbas）所留意到，「香港這個城市的意願是那麼強烈，個人的意願都給淹沒了」[21]，我們觀察到這些散落於香港的聖殿與廟宇，卻為市民帶來異質的生活經驗與意義，充滿了各種經濟、社會、政治結構與潮流所不能撼動的可能性。在上一次被稱為香港大限的一九九七年，阿巴斯提出「消失」的政治學（politics of disappearance）：我們切身珍惜香港的「存在」，是當我們驀然發現香港即將「消失」，也因此即使致力追索香港的

21 阿巴斯著，蕭恆譯：〈香港城市書寫〉，《香港文學@文化研究》（香港：牛津大學出版社，二〇〇二），頁三〇二；Ackbar M. Abbas, *Hong Kong: culture and the politics of disappearance* (Hong Kong: Hong Kong University Press, 1997).

「回憶」，它也不過是在消逝中才現身的視點；尚未開始的回溯，也早在開始以前回天乏術。本書所介紹的聖殿與廟宇，儘管可能遷變破落，但從中步入的「神域」，以至自「神域」中帶回的真實，卻是開放的、超越的（transcendental），甚至是永恆的「神域」。即使我們認為拼裝的都市如沙漠一般失卻生機，「神域」仍可能是市民心靈的綠洲。

在二〇二三年，我們述說香港故事時，尤需注意到這些在都市與「神域」之間充滿活力地發生中的「記憶」。

夏蕙ＢＢ的信仰世界

方金平、龔惠嫻、林皓賢

黃夏蕙在香港演藝界一直長青，自戰後的黑白粵語片年代活躍至今，近年更因積極為社會發聲，形象親民，而被網民稱為「夏蕙ＢＢ」——「ＢＢ」是港人對英文「Baby」的節略，有用之指嬰孩，亦有作情侶間之暱稱。網民之稱呼大概意謂「親愛的小夏蕙」，盡顯愛戴。另一個得大眾歡心的原因，也許是其拜祭黃大仙時的趣怪裝扮。黃大仙是流行於廣東、福建、浙江等地的道教神祇，相傳前身為東晉（三一七至四二〇年）道人黃初平，道化成仙之後以藥籤救濟及卜卦靈驗聞名，其在香港亦有一氣派恢宏的仙祠，一直香火鼎盛，甚至令所在區域以及鐵路站都以「黃大仙」命名。[1]近十數年，夏蕙ＢＢ更是每逢農曆新年初一，以八、九十高齡作該年生肖的裝扮，前往仙祠，向大仙奉上頭香。其造型搶眼，每每受傳媒、網民矚目，已成為香港黃大仙信仰的標誌。同時ＢＢ的身影及其與神佛的經歷還旁及各中西宗教，無形中成為香

1　有關黃大仙信仰及其在香港之發展，可參吳麗珍：《香港黃大仙》（香港：三聯書店，二〇一二），頁十八至四十九。

港華人信仰世界的一個縮影。

黃大仙與香港

黃大仙信仰淵源於浙江金華，承傳自嶺南地區。一八九七年，黃大仙垂乩於廣東番禺菩山大嶺村，[2]一九二一年，香港嗇色園創立，以普濟勸善為宗旨，服務社群為實踐。[3]據記載，當時嗇色園黃大仙祠是蒙文昌帝君乩書以立為名號，又有呂祖乩書「赤松黃仙祠」。在香港歷史上，黃大仙嗇色園一直與香港人生活息息相關，單是慈善事業，嗇色園黃大仙祠自成立之初，就一直參與社會大眾慈善服務。由於香港政府在一九七〇年代前一直沒有有系統的社會福利服務，不少宗教組織在十九世紀末至抗戰時期都會在社會為群眾治病、齋醮祈福、贈醫施藥等，亦即是一般認知的「恤貧施濟」。[4]包括最初道堂在戰前亦有肩負起救濟貧苦、支援大眾生活的慈善角色，如黃大仙嗇色園在戰前主要的慈善事業便是贈醫施藥，[5]抗日戰爭爆

2 危丁明：《仙蹤佛跡——香港民間信仰百年》（香港：三聯書店，二〇一九），頁二三三。

3 危丁明：《香江顯迹：嗇色園歷史與黃大仙信仰》（香港：嗇色園，二〇〇六），頁二。

4 李樹甘、羅玉芬主編，林皓賢、黃樂怡著：《宗教與香港：從融合到融洽》（香港：香港樹仁大學商業經濟及公共政策研究中心，二〇一七），頁一五二。

5 危丁明：《香江顯迹：嗇色園歷史與黃大仙信仰》，頁六十五至六十七。

發後，一些道堂在善業上開始出現轉變，例如九龍道德龍慶堂曾於日治時期向市民施粥救濟，嗇色園除開放園門讓人避難外，亦有負擔起殮屍事宜。在戰後又進行現代化轉型，開始了新的社會服務，如現代教育上承辦可立中學（一九六八）、可仁幼稚園（一九八二）；敬老服務上有可敬護理安老院（一九七九）；此外，即使一貫的傳統服務亦走向現代化，如在傳統贈醫施藥的服務基礎上設立了中醫局、西醫及牙科診所等，現時又有物理治療中心。[6]可以說，黃大仙一直都與每一代香港人的生活有密切關係。黃大仙的信眾非常廣泛，不論男女老幼，中外人士，都慕名而來。其中年三十晚，對香港人來說印象深刻的是，除了黃大仙的著名的頭炷香外，還有每年都會裝扮成當年生肖的夏蕙ＢＢ。不過，她的身世以及與黃大仙的因緣，大眾就未必清楚。

夏蕙的少女時代

即使許多港人也不以為意，夏蕙ＢＢ就讀於香港一所百年名校，庇理羅士女子中學（Belilios Public School）。庇理羅士（Emanuel Raphael Belilios，一八三七至一九〇五年）為英籍猶太富商，於十九世紀中葉來港，曾任滙豐銀行董事及定例局議員。一八九二年，政府新開辦的中央

6 危丁明：《香江顯迹：嗇色園歷史與黃大仙信仰》，頁一八二至一九六。

女子書院（The Government Central School for Girls）接受庇氏的巨額資助，而改從其名，及後的百多年間為香港各政商、學術以至演藝界培育不少名人。[7]夏蕙ＢＢ在校時也已活潑好動，自言是運動會的全場冠軍。在讀書之餘，亦開始接觸基督教，於老師的指導下修習《聖經》，至今一些基本教義，如耶穌出生世上，救贖人類靈魂等等，仍然琅琅上口。同時，家人的信仰較為傳統。據其憶述，雖然賣酒的父親沒有在商販上奉行特別的宗教儀式，但也有帶同家人往黃大仙祠參拜，又攜ＢＢ拜佛，與觀音「上契」，成為其乾女兒。不過，她亦坦言當時並未與各家神佛有何感應，只是唯諾聽從師長參與一個又一個的宗教活動。[8]要真正投入其中，仍需等到其長大之後，與影壇友人之結緣開始。

明星拜仙團

夏蕙ＢＢ自中學以來，就開展演藝工作，於一九五六年以參與左几（一九一六至一九九七年）執導，粵劇名伶紅線女（一九二三至二〇一三年）等主演的電影《火》而步入影壇。[9]

7 庇理羅士女子中學的歷史可參學校網頁：https://www.bps.hk/history-timeline，二〇二三年四月九日查閱。

8 參方金平、林皓賢、龔惠嫻、韓樂憫及馮鑫燊與黃夏蕙之訪談，二〇二三年三月二十四日。

9 有關黃夏蕙投入影壇的經過，可參香港演藝人協會對其的訪問：《傳承・前輩專訪：黃夏蕙》（二〇二二年八月十二日）：https://www.youtube.com/watch?v=WwdquGoI6Mk，二〇二三年四月九日查閱。

其後陸續參演不少電影，與粵劇及影視名星鄧碧雲（一九二四至一九九一年）、鳳凰女（一九二五至一九九二年）等相善，並投入黃大仙信仰。而一切只是源於與友人間的信俗。「我哋多數演藝人呢，就好信佛嘅。佢哋成日話年三十晚拜下黃大仙。」ＢＢ口中的「佛」，似乎只是中式宗教的統稱，於是言及信佛卻又去拜大仙。這自然是佛道於千年之間在華人社會相互混融的結果。佛教自東漢（二十五至二二〇年）年間傳入中國之後，與道教相爭數百年，至宋、明以來終能於中土扎根，並與道教及儒家合流，華人大眾漸漸不辨佛道。[10]香港的黃大仙信仰亦隨其合流趨勢，標榜和會三教，以道為本的同時，敬奉孔子及觀音菩薩，難怪ＢＢ都以拜仙來奉佛。[11]而她就在鄧碧雲及鳳凰女等人的帶同下，開始持續拜奉黃大仙。「年年我都去黃大仙」，「成班朋友都係去黃大仙，一直無停過」。後來另一粵劇名伶「祥哥」新馬師曾（一九一六至一九九七）夫婦、影星周潤發之胞姐周聰玲「玲姐」等人都相繼加入。[12]一時，黃大仙在人間亦是眾星拱照。

10 Peter Harvey, *An Introduction to Buddhism: Teachings, History, and Practices* (Cambridge: Cambridge University Press, 2012), pp.210-226.

11 香港的黃大仙祠內有孔道門供奉孔子及其七十二弟子，其三聖堂內則有觀音，參仙祠之方網頁：http://www.wongtaisintemple.org.hk/index/confucian-veranda、http://www.wongtaisintemple.org.hk/index/three-saints-hall，二〇二三年四月九日查閱。

12 方金平、林皓賢、龔惠嫻、韓樂憫及馮鑫燊與黃夏蕙之訪談，二〇二三年三月二十四日。

頭炷香與生肖 Cosplay

但好景不常，昔日同行的好友多已漸次離世，又或移民別居，不過敬拜大仙已成夏蕙ＢＢ的習慣，希望堅持下去，尤其想到一旦停止就可能迎來厄運。她感覺昔日的朋友，去世前都正好缺席年三十晚的年度敬拜。「我諗，我哋一齊咁多人去」，「點解唔去嗰個，就過身」；「你話人人都過身㗎啦，佢就係唔去（黃大仙）嗰年就過」；「意頭嘅嘢好驚㗎嘛」。於是她縱使在二〇二二年暫居美國，但農曆新年間仍特意前往舊金山的黃大仙祠敬拜，又請在港的「契仔契女」（乾兒女）代其在香港的黃大仙祠上新年頭香。[13]

不過夏蕙ＢＢ當初並未執著要在爭上頭炷香或作趣怪裝扮，一切只是意外。她憶述，最初開始參拜大仙時，人流遠未有今日多，群眾更未有爭先恐後的希望上得農曆新年的第一炷香。只是她既然習慣每年參拜，她亦順應及早到廟，於是得以在隊列前排，上得頭香。至於裝扮，她自言：「你知好慘㗎嘛，女人係要戴假髮，啲香又咁大碌咁長，假髮都燒爛埋」；「仲有一樣呢，啲香呀，一早就揸住支香嚟點，我啲眼淚就係咁流」。於是她開始戴黑眼鏡護眼，又戴帽護髮，而在某個兔年，想到「兔年嗬，不如做隻兔仔，就戴頂兔帽咁笠」，後來愈裝扮愈覺

13 同上。

得有趣，「幾好玩呀，所以每一次我都係要代表咗（個生肖），狗就扮狗，牛就扮牛，係咁樣玩嘅啫，無特別嘅嘢」。[14]原來刻意的裝扮只因好玩，與信仰本身無關，卻也反映了ＢＢ自少女時期以來的活潑性格，以及對她對信仰的靈活詮釋：她敬拜大仙而不默守成規，敢於以其創意來重新演繹自身的崇拜活動。

信仰的安慰

而在看似戲謔的裝扮背後，黃大仙等信仰仍然給予夏蕙ＢＢ莫大的安慰，尤其覺得在敬拜大仙後，儘管有人生跌宕，但最終都平安無虞。「我覺得我一切都好順利，呢個真嘅。咁多年黎，咁人都係有好多唔開心嘅嘢。但我覺得拜完黃大仙，冇咩特別嘅嘢kick住我。」所謂沒有特別被艱難困住（kick住）也許是一種覺得善有善報，於是在行善過後放心將一切交給上天安排的豁達。她說「信佛係畀你善心做人，所謂善有善報，我信呢樣嘢」；「我都係因為信咗佛，希望我自己亦都有佛心。」於是她一直行善積德，近年更有感於香港的許多長者以至家庭，生活仍然困苦，於是成立「夏蕙慈善基金」推行各種慈善活動，尤其希望籌建非牟利的老人院舍幫助長者。「我覺得啲老人家好慘，而我覺得年青人唔係唔想幫啲婆婆（老人家）。但

[14] 同上。

自身都難保，屋都無得住，打份工要養老婆仔女，又點去養育佢父母呢。」ＢＢ在關懷長者的同時，亦體察年輕人在香港樓價高企下的困苦生活，乃希望非牟利的院舍可盡綿力，在安頓長者生活之餘，亦減輕年輕一輩的負擔，兩方都獲救濟。這番願望甚至成為她人生最後的願望，多番求黃大仙多予其幾年陽壽，「將老人院完成咗，我就無憾啦。」[15]

這種善有善報的信仰，以及對上天的依托，甚至令她可以突破一般華人對死亡的忌諱，而在二〇一四年舉辦了自己的生前喪禮。她說：「『閻羅王叫你三更死，誓不留人到四更』，呢啲就係上天安排嚟嘅，你係唔可以自己去挽救。自己唔可以挽救嘅，你就要自己安排曬啲嘢。」所謂的安排是希望生前將死後的財產等等安置妥當，以免混亂和爭端。生前喪禮即是對自己的逝世預演，清楚留下遺願，好好安排後事。有趣的是，信奉佛教及大仙多年的她，在喪禮上卻未有舉行任何相關儀式，而她當日只注重體驗死亡，感受自己身故後的情形：「我感受到原來死係咁樣，真係都有朋友嚟睇你」，「都係幾關心」，「即係死咗都係幾多安樂㗎喇。」其心繫信仰而未有沉迷要神佛時刻相伴，卻又是賴之以面對生死。[16] 雖然夏蕙ＢＢ總是謙稱自己才疏學淺，但不覺之間，她於信仰亦有其進退法度。

---

15 同上。

16 同上。

神佛的是非

不過無論人如何進退，有時總避不過是非。BB近年來亦有接觸基督教會，「教會我都信，佢哋善心㗎咋嘛」，「我同教會都好好㗎」；「不過我唔會去洗禮，咩決志，因為咁搞到好煩，畀人打電話嚟鬧我。」正如前述，BB在年輕時已於學校認識基督教，近年再隨朋友參與教會活動，乃至於二〇二一年有傳媒報導她從此決志入教。基於基督宗教的一神信仰，決志入教即意味著放棄其他神明，於是報導引來一直敬奉黃大仙的友人連番致電BB，斥其背叛大仙。由於其每年在黃大仙祠的悉心裝扮與敬拜已是深入民心，各家傳媒更是熱切追訪，逼得她在記者前豪言：「生係黃大仙人，死係黃大仙鬼」以明志。在本文的訪問間，BB再一次澄清，在信教之餘未有放棄大仙：「我從未背叛過黃大仙。我同你做朋友冇所謂呀，如果話叫我唔好拜黃大仙我就做唔到，因為我唔可以。」在表達其對大仙的忠誠之餘，夏蕙BB更在捍衛其遊走各個信俗的自由，在對西方宗教開放的同時，希望保有自身的信仰。她接著解釋：「你叫我做善事，我都會做。但你唔可以話同你做朋友，就我冇咗呢邊嘅朋友，真係唔得。乜嘢都得。呢樣就唔得。」[17]惟幸，今日相關的是非都已止息。

[17] 同上。

結語：夏蕙BB的信仰與香港

ＢＢ的經歷終究當然只能說明她自己，但她與神明的互動仍多少反映香港華人平信徒的典型故事：香港既以交通東西而匯聚各方諸神，ＢＢ雖然自言才疏學淺，也不多讀宗教經書或故事，但亦自然地出入佛老以至基督宗教。在整個訪問中，她都以其對黃大仙的敬拜理解及表述為「信佛」，而她本人是觀音大士的「契女」，希望自己有「佛心」之餘，亦崇信並表示絕不背叛大仙，同時又對基督教會抱持開放態度，但求為善就好。在上文並未提到的訪問部分，她還提到自己也拜關公，喜歡其「義氣」，自己也是充滿「義氣」。在遊走於各信俗之際，她並流露出一點對自由的堅持，認為自己的信仰不應被限制於某個派別，而樂於與各方溝通以行善。凡此種種，都隱然透出香港既往的多元與自由氣息。

在這多元與自由的環境下，ＢＢ不但以其個人的方式混同佛道，也靈活創意地演繹宗教活動，在農曆新年向黃大仙上頭香時作趣怪裝扮，更在信仰的安慰突破華人一般對死亡的忌諱，敢於辦生前喪禮。若以古語形容，可堪為「天下之先」。有如前言，夏蕙ＢＢ於信仰，實有其法度。諸如此番與諸天神佛的交手，在香港此一都市神域之中，還有許多故事。

西方宗教

導言

方金平

香港一直自詡為匯流東西的國際都會。而的確，不僅在經貿物流，香港自開埠以來亦成為基督信仰於東方傳行的樞紐，並交通東西方的宗教文化。早在一八四一年落成於中環的聖約翰座堂，就是本港最早的歐洲建築之一，見證基督宗教如何伴隨香港向西方的開放而至。而在聖約翰座堂之後，基督宗教的各個教派亦在香港各地相繼建起教堂，並日漸在本港扎根。本部分的論文及訪問，就圍繞著這些深入本地社會的宗教場所，探討它們如何聯繫信仰、社區以及形形色色的個人，接通精神世界的「天國」與世俗繁鬧的人間。

林希賢首先分析了九龍區歷史最為悠久，位於九龍城的聖三一座堂。該堂以西式的營造物料建成，卻大量運用並重新演繹東方古代的紋樣或符號來表達基督的神聖。其青色瓦頂及堂內的鐘樓鼓樓，一如東亞各地的傳統建築，但又以本來象徵中國帝王的龍紋來寓意基督為「萬主之主」。此一東西混合的風格自然是隨著民國初年中國的「文藝復興」潮流而來，但其座落香港，亦具象了此城的東西合璧。而聖三一堂亦是聖公會在東九龍的校政中樞，配合教育局政策管理下轄的十餘間中小學校，係社區內一實質的權力中心。林氏就訪問了座堂所屬，有參與校政管理的李安業牧師，以說明該堂如何藉其學校網絡，貢獻社區發展。

當然，並非所有教堂都在區內有如此特別地位，而更多是透過其本身的宗教空間，再加以禮儀崇拜以彰顯聖靈威能以及基督教誨。胡淑瑜研究了尖沙咀的玫瑰堂如何伴隨天主教的彌撒儀式改革而改建內堂，令教會更能聯繫本土居民。有別於聖三一座堂的東方風格，玫瑰堂是一派的粉色歌德建築。不過卻因此在今日的區內別樹一幟，成為宗教空間理論下一個「斷裂點」，即一個與四周環境割裂而突顯其獨特並令人感覺神聖的空間。胡氏採訪了在玫瑰堂參與各式活動多年的教友在此空間下的感受，並以該教友的視角追述彌撒形式的改變對信眾的影響，以及教堂的改建如何拉近神職人員與平信徒的距離。

陳沛滔則聚焦於將軍澳的聖安德肋堂。該堂現址位於鐵路站附近，外觀如同一般社區中心的現代實用性建築，但內裡仍然運用各種用色巧思及透光玻璃，以「上主庭園」為主題來營造其神聖感覺。陳氏亦透過訪談，了解到在此空間下參與各種儀式的教友，即使對基督宗教的神學未必有深刻理解，仍能在教堂的建築氛圍下投入情緒及信仰，並透過禮儀領會基督的教義，指出了宗教空間的重要。另外，陳氏亦提到，聖安德肋堂經常邀請世界各地的神父前來講道。如此一來，則教堂亦將香港的地方社區，聯繫到廣闊的跨國宗教網絡之中，再次反映了香港都會的國際個性。

最後，趙子善將視角轉往荃灣的611靈糧堂。與前述的各個教堂相比，該堂的外觀最是樸實無華。其外牆淡黃帶灰而毗鄰連鎖快餐，毫不起眼。不過，教堂卻於是顯得平易近人，親切舒心，而能接觸區內各式階層市民，擴大信眾基礎。而該堂亦一如其他教會建築，其實極具巧思。外牆樸實的磚石特意由以色列運來，連貫該堂本身重視以色列宗教傳統以及節日的路線。趙氏也訪問了611靈糧堂的教徒，說明他們如何在此簡樸的空間下以與前述各堂不一樣的感受投入宗教當中；以及該堂日常如何貢獻區內的兒童及青少年服務，顯示該堂的社區連結。

本輯的各篇，講述了香港各區教堂不同的特色、定位以及與社區的關係。在反映本港教會的形態紛繁之餘，亦一同闡釋了基督宗教如何已深入香港本土社區以及大眾生活，當然亦在信仰層面在不少信徒的精神世界中佔有重要席位。在科學日昌，宗教退潮的當代世界，德國哲學家尼采在十九及二十世紀初曾豪言「上帝已死」，意謂上帝以及基督宗教所代表的一系列價值觀以及社會秩序已然在崩潰消逝。不過，在二十一世紀初的香港，基督宗教仍然在社會上以各種形成屹立不倒，發揮其角色、價值及力量。願本部分各篇論文及訪問，亦為此一時代的複雜性，作一紀錄。

為人作鹽和鄰里，春風化雨育鄉親
——以教育影響生命的聖三一堂

林希賢

一、前言

香港社區發展一直受社會各界和政府所關注，面對人口老化加劇、貧窮問題，社會都各施其職，務求能解決社區經濟、社會、文化等問題。根據聯合國的定義，社區發展是一個過程，是一種能夠對國家有充分進步發展的程序，本質上社區發展是一種教育和組織社會的模式。[1]座落於九龍城舊區，別具一格的聖三一座堂，不僅是香港聖公會在九龍區歷史最悠久的教堂，而且是聖公會首間華人聖堂。聖三一堂是具中西文藝復興式建築風格的教堂，極具歷史意義，

---

[1] United States. Congress. House. Committee on Appropriations. Subcommittee on Departments of State and Justice, the Judiciary, and Related Agencies Appropriations. Departments of State and Justice, the Judiciary, and Related Agencies appropriations for 1961. Washington : U.S. G.P.O., 1960. p.900.

成為九龍城區香港基督教標誌性的建築物。聖三一堂現時尤其著重以教育服務來發展社區，希望藉教化下一代的方式，以建立正義和平的社會和世界為最終理想。本文透過口述歷史的方式，邀請了聖三一座堂的主任牧師作為訪問對象，藉此了解聖三一座堂現時對社區發展的運作模式，如何將教育工作融入社區發展當中，亦能探討座堂對教育以至信仰上的執著。

二、聖三一堂的歷史及其建築風格

（一）聖三一堂簡史

九龍城聖三一座堂的歷史能追溯到一八九〇年，一名聖士提反堂的教友顧啟德（一八六三－一九三九）與其夫人在九龍城一帶進行傳教，當時得到了西差會傳教士范女士和聖士提反堂主任鄺日修（一八四〇－一九二一）牧師的領導下使教會勢力擴大[2]，形成聖三一堂的雛型。聖公會傳道會向政府申請於九龍一帶興建教堂作宣教活動，位置落於現時宋皇臺聖山附近，並在一八九八年落成，稱為九龍聖堂，亦是聖三一堂的前身[3]。一九〇三年基於政

2 香港聖公會聖三一座堂：〈「聖三一史略」〉，取自http://dek.hkskh.org/holytrinity/ministry_article.aspx?id=158&lang=2，二〇二一年十一月二十八日擷取。

3 龍炳頤：〈聖公會聖三一堂的發展與文物建築〉，載梁靄雯編：《龍城上主愛・薪傳逾百載》（香港：香港聖公會聖三一座堂，二〇一四年），頁八。

府的發展需要，要在宋皇臺山下興建公園，原來位置需要被政府收回。堂址須要搬遷至附近地區，經過商討後，地址落於維多利亞女校附近的山脈一帶（位置約今日亞皆老街兒童遊樂場附近）[4]，並於一九〇五年建成新堂，可容納約三百人。到了一九三六年，港府計劃將本堂及維多利亞女校所在之山丘削平，作為城市的發展，於是撥出現在的堂址交換，並補償拆遷費一萬二千七百元。新的堂址遷至現址，並成立建堂委員會，展開籌建工作。新堂圖則由吳建中先生設計，採用中國建築物的形式[5]。當年六月動土，十一月二十一日由莫壽增會督主持奠基禮。新堂興建一年多，於一九三八年八月三十一日舉行祝聖禮，正式啟用。不料日佔時期，日軍佔領聖三一堂作為據點，聖三一堂堂務暫停運作。聖三一堂附近受戰火洗禮，不少房舍成為日軍的暫居地，並於日後遭拆卸。唯有聖三一堂仍然在日佔中沒有受到太大破壞，只有少數堂內建築物和窗門受損。日佔時期結束後，聖三一堂逐漸恢復服務，並開始發展教育事業。在一九四八年開始逐漸成立聖三一小學部和聖三一幼稚園。在一九七〇年亦成立中學部，希望能夠培育下一代，肩負社會責任並回饋社會。

4 關於九龍聖堂史料，詳見邢福增、劉紹麟：《天國．龍城：香港聖公會聖三一堂史（1890-2009）》（香港：基督教中國宗教文化研究社，二〇一〇年），頁十六。

5 香港聖公會聖三一座堂：〈「聖三一史略」〉。

（二）聖三一堂的建築特色

聖三一堂是一座極具中國特色的教堂，從設計佈局、建築方法和裝飾擺設等方面，都是刻意採用中國傳統建築的元素。這種風格源於民國時期的「中國文藝復興建築」風潮。當時一批到海外留學的中國留學生嘗試將西方建築概念加入中國傳統元素，令建築物除了有西方的建築穩固的結構之餘，亦能保有中國風格。[6] 聖三一堂的結構採用西方建築物料和技術，而外觀則保留中國傳統木結構的樑柱外形，而在牆壁與簷篷之間的結構上就採用了拱形設計。

其屋頂刻有長方形組成的博古紋。這些博古紋是漢族用作象徵吉祥的裝飾，早於北宋時期已經出現。同時，屋頂亦有龍形的裝飾。據設計者述，設計龍的裝飾是想表達基督是「萬上之王、萬主之主」，亦是想將聖殿興建為「平民殿」[7]，讓教友在堂上奉上無比的信仰。[8] 而屋頂中央和屋脊上亦巧妙地採用基督教的象徵，在正脊中央安設十字架，而兩側選用了鴿子作為「屋脊獸」。鴿子[9] 既有和平之意，符合傳統屋脊獸那種祥瑞保平安的寓意，同時也象徵著聖靈降臨。

6　龍炳頤：〈聖公會聖三一堂的發展與文物建築〉，頁二十二。
7　聖三一座堂對主殿的別稱。
8　陳衍昌：〈龍和鴿之謎與趣——基督道成肉身對東九龍教區主教座堂的啟示和挑戰〉，載梁靄雯編：《龍城上主愛・薪傳逾百載》（香港：香港聖公會聖三一座堂，二〇一四年），頁三十。
9　鴿子在基督教上可以象徵聖靈，據〈馬可福音1：9-10〉：「耶穌在約旦河裡受了約翰的洗，當他從水裡鴿子以傳統屋脊獸的模式設計，安放在聖堂建築的高處，形象化了聖靈（從天上）降臨之寓意。有說三隻鴿子排成一列，是表明聖父、聖子和聖靈三位一體，以配合「聖三一」的教堂命名[10]。聖三一座堂殿外，按東、西方位置有鐘樓、鼓樓。鐘樓和鼓樓的柱和楣板都刻上了詩句和對聯，表明基督教信仰和中國的文化可以融和。

在聖三一堂的內部，周圍都有類似雲彩的圖案，雲紋作為中國傳統建築常有的裝飾，表達人對大自然的畏懼，也代表農業社會對風調雨順的嚮往和期望。聖堂出現雲紋，則可以是一種宗教啟示。傅曉蕾提到：「聖堂是神人相遇之地。當人進到這神聖的空間裡，聖堂的每一處均表現上帝的臨在。聖三一座堂的主殿四面牆身都滿有雲紋，當信眾置身其中，被雲紋包圍，彷彿，上帝的臨在與無處不在；雲紋只用於視線範圍而沒有放在屋樑以上的空間表現『在地若天、天人合一』的境界。」[11]而座堂正門中央用作領洗的洗禮盤，其地臺上的蓮花十字架旁邊亦有雲紋圍繞。蓮花在中國傳統觀念上是有種身心淨潔並追求至高君子之境界，加上十字架在基督上有救贖之意。座堂有意將蓮花十字架放在正門前，象徵福音來臨中國，亦是繼承基督教在東方的教會傳

一上來，就看見天裂開了，聖靈彷彿鴿子降在他身上。」

10 陳衍昌：〈龍和鴿之謎與趣——基督道成肉身對東九龍教區主教座堂的啟示和挑戰〉，頁三十三。

11 傅曉蕾：〈共融，無誤——解讀香港聖公會聖三一座堂主殿的中國傳統象徵符號〉，載梁靄雯編：《龍城上主愛．薪傳逾百載》（香港：香港聖公會聖三一座堂，二〇一四年），頁四十至四十七。

統。[12]總括而言，聖三一堂的建築不完全是東方或西方的建築，是兩者合璧的產物。

三、獨特又複雜的教育行政架構

聖公會採用教省教區制，將全球分成四十個教省，而香港、澳門為是其一。在港澳區教省之下又再分成四教區，即東西九龍、香港島以及澳門教區。每一個教區由有一所母堂（Mother church），尤其負責處理該教區的中小學校及幼稚園的行政決策，並在禮儀典範上作為教區其他教堂的模範。就東九龍教區而言，聖三一座堂就是該區的母堂，所有劃分在區內的十多間中小學校和社福機構都由座堂根據一種內部的「法定」關係所管理。在香港政府而言，聖三一座堂便屬辦學團體，在相關的教育條例下教育服務。在實際操作上，座堂可以委任校長和修改校規，校董會亦必須有教會代表，乃至部分學校有一半成員都由教會委任，因而對各下轄學校的實際運作影響很大。[13]而聖三一座堂旗下的中小學、幼稚園，校董會成員則全部由聖三一座堂委任，主席亦由主任牧師擔當。[14]

---

12 陳衍昌：〈龍和鴿之謎與趣——基督道成肉身對東九龍教區主教座堂的啟示和挑戰〉，頁三十二。

13 林希賢訪問，李安業牧師訪談，二〇二二年四月十三日視訊受訪。

14 林希賢訪問，李安業牧師訪談，二〇二二年四月十三日視訊受訪。

四、聖三一座堂主任牧師的抱負——用教育認識信仰，回饋社會

筆者十分榮幸能夠邀請聖三一座堂的神職人員李安業牧師（下稱李牧師）作為是次口述歷史的受訪對象，以進一步對了解座堂的教育行政架構、未來的教育計劃、未來社區發展等有一定的了解，在此向李牧師表示謝意。

（一）受訪者的屬靈之旅

李牧師對教育工作的堅持，很大程度源於他中學時期的經歷。他出生於香港，但自幼就跟隨父母移民到新加坡長大，直至中學時期才回到香港。在香港讀書時由於不會繁體字，令他的學業每況愈下。他表示「基本上所有科目都『肥佬』，只有一科合格，就是英文科。當時不懂中文，又不會太多知識。」[15] 李牧師幸運地得到幾位中學老師於放學願意陪他練習中文。這幾位老師的教導令李牧師明白教育的重要性，「這個原因亦十分影響我將來的目的，我發現到原來沒有學習知識對人的影響很大。」[16]

15 林希賢訪問，李安業牧師訪談，二〇二二年四月十三日視訊受訪。
16 林希賢訪問，李安業牧師訪談，二〇二二年四月十三日視訊受訪。

後來李牧師更受這幾位老師的見證影響而去參與教會活動。不過，他坦言起初對教會不感興趣。在於小時候接觸過的幾間教會，教會牧師說一套做一套，很不切實際，因而對教會的印象都欠佳。然而，幾位熱心教導他的老師卻加入了教會，以致他十分困惑，但這反而令他想參加教會嘗試了解更多。另一方面，李牧師亦想通過閱讀聖經去了解基督教。當時他的教堂牧師指出「聖經是他們的『聖書』（Holy book）」[17]，可以通過裡面的章節了解更多有關基督教的意義。他用了兩年時間閱讀整本聖經，並透過參與教會活動尋找答案。

短暫加入教會後，李牧師逐漸確立自己對基督教的信仰和決心。他在完成中學課程後到英國進修，更在英國聖公會接受洗禮及「按立」儀式，成為一位受認可的牧師，在會內侍奉，負責管理教會及教育事務。在二〇一八年的聖誕節李牧師再次回到香港，受到聖公會的指派進行侍奉工作，在中環聖約翰座堂服侍了兩年，再在二〇二一年五月調任到聖三一堂座堂擔任座堂主任牧師。

（二）學校教育發展的理想與現實

由於座堂對轄下學校有相當大的管理權力，擔當主任牧師自然能對東九龍的教育發展有

[17] 林希賢訪問，李安業牧師訪談，二〇二二年四月十三日視訊受訪。

較大影響。正如李牧師指出「只要教會想學校執行那些政策，學校都必須執行，沒有拒絕可言。」[18]然而，李牧師坦言在現實情況下，單靠自己一個根本不能處理區內十間學校的事務。而且他覺得參與學校的決策，與學生之間的距離疏遠，對教育下一代的幫助不大。他直指「在學校畢業典禮負責頒發證書和管理校政的確是很大權力，但要做到影響學生生命，我覺得遠遠不是。」[19]

在他的角度看來，教育最重要是與他者建立關係。在人與人的關係中，最終都離不開愛、關懷、溝通這三項。如同他在中學時期的幾位老師能夠跟隨學生進行指導，去建立一個亦師亦友的關係。他希望在學校教育有權力去改變的時候都能夠加以運用到，要求學校為學生作出變更。如果再以之前「卜卜齋」[20]的教學模式培養學生的品德，學生肯定對此不以為然。相反，能夠讓學生與其他人有親身的接觸和了解，他們會更為受用。

聖三一座堂現時對區內幾所排名較低的學校推行學長計劃，這些學校都有共同的特點，就是學生水準普遍偏低，而且新移民學生的人數較多。教會讓大學生和知識份子到學校做義工服

18 林希賢訪問，李安業牧師訪談，二〇二二年四月十三日視訊受訪。
19 林希賢訪問，李安業牧師訪談，二〇二二年四月十三日視訊受訪。
20 「卜卜齋」是一種傳統教學法，即是老師在堂上講述課本內容，學生有紀律地在臺下聽書。只會在老師發問下，學生才能舉手答問題。

務，透過小組教導的方式去建立一個小型群體。李牧師希望這段關係的發展是雙向，一方面學生可以在關係上依靠義工，當有學業煩惱和日常問題都能夠得到幫助，亦可在慢慢的相處之中建立起信任關係。另一方面義工們能夠學習與人相處的方式，並思考自己的人生。[21]

除了在排名較低的學校推行教育計劃，在排名較高的學校亦會聯同社福機構幫助解決學生的心理問題。李牧師發現在名校就讀的學生於學習資源上是充足的，但是在心靈上是承受更大的壓力。香港的教育制度一直以來都以精英教育為主，這種教育模式注重學生對分數上的追求。換言之學生是否優劣只是以成績來作為標準，變相鼓勵學生相互競爭，爭取較好的名次。在這個模式下學習，學生的自尊和自信心很容易面對挫折時就變得脆弱。加上近年社會狀況不斷變化，先有社會運動，後有疫情肆虐，學生的心理狀態幾乎崩潰。李牧師觀察到學校沒有管道去讓學生宣洩內心的不滿，他希望製造一個空間去聆聽學生的意見，建立起一個網絡（network）去了解年青人的近況，盡量與學生保持交流和溝通。[22]他會以過來人的身份去分享求學時期遇到的問題，亦會吩咐青年同工盡量都要與學生聯繫。

21　林希賢訪問，李安業牧師訪談，二〇二二年四月十三日視訊受訪。

22　林希賢訪問，李安業牧師訪談，二〇二二年四月十三日視訊受訪。

（三）最直接的教育——用生命影響生命

正因為李牧師對教育的態度建立於關係之上，除了針對學生在學業上的狀況，對社區發展亦強調溝通和接觸。他希望透過教育融入社區發展之中，幫助社區弱勢社群，同時亦可令學生從中作另類反思。李牧師曾經帶領一批直資學校學生到石硤尾南山邨附近，執拾晚上街市棄置的食物。這群學生出身富裕，不需為生活煩惱。他們不曾察覺香港有貧窮問題，想像不到發達地區有窮人在生活。李牧師提到他們的工作是：「我們會將它們（被攤販棄置的蔬菜）分類，之後在晚上分派給石硤尾的長者。這項工作是辛苦的，因為要長時間蹲下來執菜，而且街市環境又骯髒。」[23] 這種相當直接的方法是最能令學生反思自己的人生，令他們知道食物的可貴，而且社區仍然有人要為三餐溫飽而煩惱。相比起在課堂上了解香港社會問題，面對面的了解和接觸才能真正幫助學生反思人生。

另外，面對不同立場的社群時，李牧師亦帶學生到社區與該區居民進行溝通。切身處地去了解社區的環境，才會明白雙方想法和行為上的不同，從而達至「知己知彼，百戰百勝」。尤其香港近年爆發不少社會運動，社會政治形態嚴重割裂。彼此相互指責和對罵，對社區發展百

23 林希賢訪問，李安業牧師訪談，二〇二二年四月十三日視訊受訪。

害而無一利。理想的社會狀態應該處於多元社會，接納不同聲音，社區才可穩定發展。李牧師在社會運動發生後曾帶領一批學生去旺角幫助該區的長者。這些長者在思考上、年齡上都與學生相差甚遠，而且大部分都持相反立場。這群學生最初不明白老一輩為何要反對他們，但當他們眼見長者在街道上不能夠正常橫過馬路，就心領神會，因為運動已經影響到他們的基本生活，他們自然會反對。正如李牧師提到「在進行某個行為的時候，我們都需要去考慮到事情會否影響到他人，而影響是會令弱勢社群變得更為弱勢。」[24]這群學生通過對話能夠了解他人，知道他們的需要以及他們所做的行為會為他者帶來影響。固然在下一次的行動上，考慮會否影響到其他人同時又能達到自己的目的。

李牧師亦發現香港的現象是「長者在安老院過著沈悶、乏味的生活。每日只能對著電視，甚少有人去探望他們的。」[25]他在英國曾經帶領兒童到訪安老院探訪，他認為老人家和小孩的互動最是合拍的。因為小孩正經歷最活潑的時期，他們時刻都想玩耍。但他們的父母會覺得很煩擾，甚至因為工作等理由而忽略他們。相反老人家很有耐心與小孩玩耍，又能將他們以前的故事分享給小孩。這種聯繫對老人家和小朋友都是舒服和正面的，而且是逐漸是建立一個社區，凝聚社區最疏離的一群。李牧師認為「建立這樣的關係，不論是社區上、宗教上的觀感都

24 林希賢訪問，李安業牧師訪談，二〇二二年四月十三日視訊受訪。

25 林希賢訪問，李安業牧師訪談，二〇二二年四月十三日視訊受訪。

是好的，亦是能夠幫助整個社區發展。」[26] 他希望能夠在香港實行類似計劃，以幫助社區發展。

（四）最大的理想——宗教教育的實踐

李牧師最大的抱負，除了是透過教育工作，令下一代能貢獻社會，更希望能夠實踐宗教教育。他認為在宗教團體幫助解決社會問題時，雖然能被社區會逐漸認可，卻仍只是作為一非牟利的社福機構被接受。於是宗教在大眾的影響力反而是愈來愈小。他指出「居民慢慢不認識我們的信仰，不論基督教、道教、佛教。他們只是知道我們的宗教，他們（居民）知道我們的存在，但實質上不知道我們到底在做甚麼。」[27]

對此，李牧師認為人們對宗教的不認識是因為宗教提及的信仰只是局限於教會內。他觀察到部分規模較大教會經常都會提及基督教的道理，要在教會上做到愛、關懷、寬恕別人，以及尋求基督的庇佑。然而回到現實社會中，很少會將《聖經》的啟示套用在生活中。信仰者又會再跟從社會法則行事，使教會和現實的關係愈拉愈遠。他希望回到教會的教友不單單只是進行敬拜，而是去投身社會服務中，為社會無私奉獻。李牧師表示「趁現在我能夠處理教育方面的

26 林希賢訪問，李安業牧師訪談，二〇二二年四月十三日視訊受訪。

27 林希賢訪問，李安業牧師訪談，二〇二二年四月十三日視訊受訪。

事務，我都希望可以在教育工作上去影響這個發展。」[28]他認同在教育工作中加入基督教元素例如讀《聖經》、唱聖詩等，他指出這些都是十分直銷的方式，但他並不是要求別人加入基督教會，甚至要信奉基督教。他認為理想的宗教教育是能夠讓大眾明白我們所做的用意，了解基督教所做的行為對他們的信仰有甚麼聯繫。

五、結語

總括而言，聖三一座堂為歷史悠久的建築物，既不完全是傳統中式或西式建築，而是中西合璧而成。這座教堂亦成為連結社區中重要一環，他們對教育的執著，是建基於關係之上。教堂對教育的做法是希望透過接觸和溝通，使人能夠最直接去反思自我。即使座堂擁有一定權力去管理學校內務，亦不能一下子全面改變學校現時的教育方針。學校對政策改動無所適從，亦會無助教育發展。座堂對學校內部校政的影響不大，從校政上很難做到幫助學生發展。

故此，座堂從社區入手，透過到訪區內與弱勢社群進行接觸，又與學生在資源和心靈上提供幫助，用關係令社區的階層聯繫起來，幫助社區穩定發展。另外李牧師自身的經歷亦影響了他對教育的看法。他求學時期得到幾位老師的幫助，吸收由他們身上所學的知識，直到現在他

[28] 林希賢訪問，李安業牧師訪談，二〇二二年四月十三日視訊受訪。

有能力的時候去幫助下一代。這種透過生命教育生命，薪火相傳的教育模式，是聖三一堂對教育的信念。

參考文獻

中文書目

中國建築藝術全集編輯委員會：《中國建築藝術全集：建築裝修與裝飾》（北京：中國建築工業出版社，一九九九年）。

邢福增、劉紹麟：《天國・龍城：香港聖公會聖三一堂史（1890-2009）》（香港：基督教中國宗教文化研究社，二〇一〇年）。

陳衍昌：〈龍和鴿之謎與趣——基督道成肉身對東九龍教區主教座堂的啟示和挑戰〉，載梁靄雯編：《龍城上主愛・薪傳逾百載》（香港：香港聖公會聖三一座堂，二〇一四年）。

傅曉蕾：〈共融，無誤——解讀香港聖公會聖三一座堂主殿的中國傳統象徵符號〉，載梁靄雯編：《龍城上主愛・薪傳逾百載》（香港：香港聖公會聖三一座堂，二〇一四年）。

龍炳頤：〈聖公會聖三一堂的發展與文物建築〉，載梁靄雯編：《龍城上主愛・薪傳逾百載》（香港：香港聖公會聖三一座堂，二〇一四年）。

《聖經・新約全書——新漢語譯本》，註釋版，香港：漢語聖經協會，二〇一一。

網路資料

香港聖公會聖三一座堂：〈「聖三一史略」〉，取自http://dek.hkskh.org/holytrinity/ministry_article.aspx?id=158&lang=2，二〇二一年十一月二十八日擷取。

綠匯學苑、香港中文大學建築文化遺產研究中心、香港中文大學教育學院編著：《大埔文物徑教材套》，取自https://www.greenhub.hk/upload/Resources/TaiPoHeritageTeachingKit2016_web.pdf，二〇二一年十一月二十八日擷取。

歷盡世變靈猶在，玫瑰救恩萬年傳
——梵二後玫瑰堂的神聖任務

胡淑瑜

對於不太了解天主教歷史的人而言，「梵二」是個相對陌生的概念。「梵二」即指「梵蒂岡第二屆大公會議」，由教宗保祿六世（Pope Paul VI，一九六三至一九七八年在位）在一九六三年召開。這場世紀會議大幅改革了近代天主教的傳教模式，並塑造了當代教會的面貌。

一五六三年，時任教宗庇護五世（Pope Pius V，一五六六至一五七二年）為統一與整頓教會間不同的禮拜方式，於脫利騰大公會議宣佈所有西方教會都要統一使用同樣的彌撒經書，並使用傳統拉丁文作為脫利騰彌撒（Missa Tridentina）的官方語言。此後，羅馬教會都依循這個模式舉行彌撒[1]。直至四百年後，教宗保祿六世為了更有效地向世人傳遞福音，就在「梵蒂岡

1 Richard P. McBrien, *101 Questions and Answers on the Church*, USA: Paulist Press, 2003, p.86.

第二屆大公會議」決定容許在彌撒中使用本地經書及語言，回應時代需求，自此天主教的敬拜禮儀有了革新性的改變。

受到「梵二」的影響，香港天主教會的彌撒儀式乃至教堂的布局有所改變。本文將集中討論尖沙咀的玫瑰堂（Rosary Church）。筆者訪問了參與該堂活動多年的教徒Marie Rose，希望以其口述歷史為研究方式，探討「梵二」對香港教區的在地化以及教堂設計的影響。

一、尖沙咀玫瑰堂

玫瑰堂為九龍區首座天主教教堂，於一九〇五年建成，座落於尖沙咀漆咸道南一百二十五號。從此以後，這座小巧精緻的粉紅教堂便成為九龍堂區的核心，擔當著區內傳教事務的主要角色，並協助建立區內其他教堂。起初，玫瑰堂並不是為了華人而設，而是外來的洋人。在十九世紀末，庚子年間義和團事件突起，英軍為鎮壓事件從印度調派了數營軍隊到港，駐紮於九龍一帶。而為滿足軍中天主教徒需求，如其時在港傳教的意大利外方傳教會德若翰神父（Giovanni PIME, 1867-1950）便借用了今日玫瑰堂位址一帶的嘉諾撒修會場地舉行主日彌撒。伴隨著九龍區日漸發展與外籍人士增加，對於天主教堂區的需要亦更為殷切。一九〇三年十月，葡萄牙籍教友甘曼斯醫生（Dr. Anthony Gomes）慷慨捐款興建新聖堂，並在嘉諾撒修院的讓地下，在一九〇五年終建成今日的玫瑰堂。

玫瑰堂外觀（筆者攝於2022年1月26日）

玫瑰堂內觀（筆者攝於2022年1月26日）

玫瑰堂採用傳統歌德式建築設計。其注目的尖肋拱頂，將教堂的高度與跨度拉高，營造出寬廣高聳的空間，以及高聳削瘦的外型，增強了教堂的垂直性。兩側外露的飛扶壁，則減輕了主牆壁的壓力，鞏固建築之餘又能美觀整體視覺。自然日光穿透花窗玻璃，彩色璃光灑落教堂，聖洗池、祭臺等等都鍍上了一層鎏光，神聖燦爛的景象彷如人們嚮往的天國。

有別於典型哥德式教堂選用花崗岩與大理石的暗沉色調來營造神秘與莊嚴，玫瑰堂以粉紅與白色為外牆基調，削弱了哥德式建築的距離感，卻溫柔又不失貴雅的色調，彷似能溺在寵貝聖母的溫柔鄉中。新增的燈光系統亦是玫瑰堂的特色之一。斜陽落下，華燈初上之時，燈光映照在玫瑰堂，在尖沙咀繁囂的街頭上爍爍閃光的教堂如一隅淨土，像基督的聖光劃破長夜的黑，引領人找到平安與喜樂。

對於教友而言，玫瑰堂是能隔開凡塵世俗的神聖空間。尖沙咀作為香港最繁榮的商業中心之一，商業大樓鱗次櫛比，玫瑰堂的靈性建築與灰石色的高樓產生強烈對比，宛如沙漠中的綠洲，與世俗對立。這種非同質性（heterogeneity）造成了與四周鬧市間的斷裂點（interruption）。人們進入教堂如進入異空間，感受非實體的神聖力量。[2]

2 伊利亞德著，楊素娥譯，胡國楨校對，《聖與俗：宗教的本質》。臺北：桂冠圖書股份有限公司，二〇〇一。

二、走入歷史——六十年代的油尖旺與玫瑰堂彌撒

不過，「以前的尖沙咀，不是現在的繁榮鬧市，是單純的住宅區。吸引了許多外國人居住，尤其是葡國人。」[3]受訪者 Marie Rose 徐徐道出了她與尖沙咀以及玫瑰堂的點滴。為一名土生土長的香港人，六十二年間她見證了玫瑰堂的改變與進步，如何為弱者帶來撫慰。

一九六〇年代的尖沙咀，人們來自四面八方。像是因十月革命而來的白俄難民；由澳門移民而來的葡國人；跟隨駐軍而至的印度人等等[4]，彈丸之地有如小「聯合國」。當時的玫瑰堂，對面正是漆咸道軍營，故教友多數是軍營的士兵或是附近的葡國居民。不過，當年的玫瑰堂不如現時的精緻整潔，是所很殘舊的小教堂，並不能容納過多教友。所以有部分教友，並非是在玫瑰堂本堂內領洗，而是在其旗下的一座「聖若瑟模範工人小堂」內參與慕道、彌撒與領洗，Marie Rose 便是其中一個。

聖若瑟模範工人小堂是於一九五七年建立，位於九龍彌敦道五六二號三樓，隸屬九龍玫瑰堂堂區管理[5]。「小堂是由ＭＩＣ（聖母無原罪傳教女修會）的修女主持，她們在彌敦道的舊

3 胡淑瑜訪問，Marie Rose 訪談，二〇二二年一月五日於餐廳受訪。
4 丁新豹、盧淑櫻，《非我族裔：戰前香港的外籍族群》，香港：三聯書店（香港），二〇一四。
5 香港天主教教區檔案：〈聖若瑟模範工人要理講授所〉。取自https://archives.catholic.org.hk/Church%20

唐樓中租了兩層樓作傳教的彌撒中心，有神父開彌撒、唱歌等，同聖堂的禮儀一樣，但是規模就比較小。」[6]小堂麻雀雖小，但五臟俱全。在小堂的教友與修士亦積極關注社區事務，為社會的弱小提供服務。「我以前經常跟隨ＭＩＣ的修女到廣華醫院探訪安寧病人。修女每天都抽兩個小時到醫院探訪病危病人，為他們作付洗。每隔二三天修女便會打去關心病人，即使他們病危亦會幫助他們付洗，因為在天主教的教義下領洗便是拯救人的靈魂。儘管病人最後不幸離世，在醫院接受付洗的教友都可以作最後補禮，進行天主教的葬禮禮儀。」

彌撒禮儀，是羅馬天主教中「形」與「靈」結合的一環。彌撒（Mass）一字本源自於拉丁文 *Missa* 意指被派遣[7]，是主給予人的工作。主耶穌基督曾言：「行此禮，為記念我」（路廿二：十九），而在宗徒大事錄中亦可看見當代彌撒的雛形，「他們專心聽取宗徒們的訓誨，時常團聚，擘餅、祈禱」（宗42：19）[8]。二千多年的彌撒禮儀，流傳至今已有數次改動才形成現代模式，但一直是人們向基督敬拜的主要儀式。但原來在六、七十年前，彌撒對於香港人是既熟悉又陌生的存在。「說實話，一開始我根本不明白神父的彌撒在做什麼，

Building/Kowloon/CKLN-SJWC.htm，二〇二二年三月二十七日擷取。

6 胡淑瑜訪問，Marie Rose訪談，二〇二二年一月五日於餐廳受訪。

7 國家教育研究院：〈彌撒（天主教）Mass (Catholicism)〉。取自http://terms.naer.edu.tw/detail/1314855，二〇二二年三月二十七日擷取。

8 吳新豪神父編譯，《天主教禮儀發展史》，香港：香港教區禮儀委員會，二〇一四，頁一至二。

在說什麼。」[9]在 Marie Rose 於一九六〇年剛領洗的時候，羅馬天主教會仍採用傳統的脫利騰彌撒，以虛華的禮儀淩駕於信徒的參與，以致彌撒在後世被喻為「禮儀之衰落」，形式大於靈性[10]。「你不會看到神父的工作，因為他是背向我們。而說的是拉丁文，根本上是看不到又聽不懂的狀態。」[11]可見神職人員在教會中擁有至高無上的地位，擔任禮儀的主要角色，使平信徒的角色變得相當被動。

直至一九六三年的「梵二」，教宗保祿六世提出了《禮儀憲章》，徹底改變了脫利騰彌撒的禮儀模式。在《禮儀憲章》〈禮儀的語言〉一章中訂明：「……是在彌撒內或在行聖事時，或在禮儀的其他部分，使用本地語言，多次為民眾很有益處，可准予廣泛的使用，尤其在宣讀及勸勉時、在某些祈禱文及歌唱中為然」，而「由拉丁文譯成本地語言，在禮儀中使用，須經上述・地區教會主管當局批准」[12]。

「本土化真的是最重要，真的要用本地語言去傳教，才可以令教徒更了解經典。傳教士在外地，都應該需要學習當地語言文化，更好地與居民溝通。改革禮儀也是，令更多人了解神父

9 胡淑瑜訪問，Marie Rose訪談，二〇二二年一月五日於餐廳受訪。
10 吳新豪神父編譯，《天主教禮儀發展史》，香港：香港教區禮儀委員會，二〇一四，頁三十二至三十三。
11 胡淑瑜訪問，Marie Rose訪談，二〇二二年一月五日於餐廳受訪。
12 梵蒂岡第二屆大公會議文獻：〈禮儀憲章〉https://www.vatican.va/chinese/concilio/vat-ii_sacrosanctum-concilium_zh-t.pdf，27/3/2022擷取。

在祭臺的行為真的是很重要。」作為兩代彌撒的見證者，Marie Rose 也是受惠於「梵二」的改革才能悟透禮儀的目的與精神。「形」與「靈」的同等結合，才是世人通向聖神的開端。

三、權力下放——梵二精神與玫瑰堂的神聖空間

在梵二的改革下，除了彌撒語言的在地化，教會空間設計都有所變化。聖堂是人通向形上領域的接點，邁向天國永恆的共融。以聖經角度而言：「成為可見的，邁向其不可見的」[13]。故此，「會幕」的空間設計與運用，都與其禮儀精神息息相關。而空間的實踐與規劃，更是教堂存在的本質意義。

屹立過百載的玫瑰堂，過去有多次維修以保持教堂面貌。不過在一九九一年的重修工程，就接梵二禮儀精神，重新修建整個禮儀空間與設施[14]，以拉近聖與俗之間的距離。在過往，舊式教堂的設計祭臺會緊貼聖所牆壁，甚至設有巨型壁龕安放主保聖人像，所以司鐸與信徒會一同面向聖所，在祭臺與信徒之間更設有圍欄，以突顯神職人員之權威[15]。Marie Rose 憶起在以

13 天主教香港天主教區禮儀委員會辦事處，〈梵二禮儀空間手冊〉https://www.catholicheritage.org.hk/filemanager/ resourcesharing/tc/upload/402/LiturgicalSpace.pdf，二〇二二年三月二十七日擷取。

14 吳永順，〈玫瑰堂的設計〉，綻放百載Ten decades of blossom and growth，香港：九龍玫瑰堂，二〇〇五。

15 陳天權。〈香港二十世紀教堂的設計演變〉，《天主教研究學報》，第七期，二〇一六，頁二三一。

前玫瑰堂祭臺的階級前是有一道閘欄，不允許非神職人士踏上聖所。在重建過後，玫瑰堂將祭臺設於聖所前端[16]，並將圍欄拆除，自此司鐸與信徒便有面對面的交流，方便教友主動參禮。「梵二」認為教會並無視某一種特定的建築風格為理所當然的，各地各民族可因應需求而設計教堂。唯一條件，便是對聖堂和神聖禮儀秉持尊重和敬意。[17]

法國都市理論家列斐伏爾（Henri Lefebvre）「空間的生產」這一概念，可以讓我們理解這番重修的重要。列氏認為空間是人類生活實踐的場所，在實踐過程我們會生產，人與空間的交互文本（Inter-text）賦予空間意義。空間性是一種社會性的日常表現的結果與中介，是社會物質實踐的承載體，空間的維度分為三層「空間實踐——空間再現——再現空間」[18]。這三種維度是環環相扣的，再現的空間是透過意象與象徵直接被生活（lived）塑造而來。而再現的空間不一定是根據權力者所控制，而居民與使用者亦有自主的能動性，人的日常生活經驗給予空間情感上的意義[19]，而空間的開放與否都影響著空間在社區的意義。玫瑰堂的例子便是一種空

16 吳永順，〈玫瑰堂的設計〉，綻放百載Ten decades of blossom and growth，香港：九龍玫瑰堂，二〇〇五。

17 香港教區禮儀委員會辦事處編，《梵二禮儀空間手冊》（香港：香港教區禮儀委員會辦事處，二〇一四），頁二。

18 《空間的再現與感知》，http://rportal.lib.ntnu.edu.tw/bitstream/20.500.12235/104787/2/000802.pdf，二〇二二年三月二十七日擷取。

19 《空間的再現與感知》，http://rportal.lib.ntnu.edu.tw/bitstream/20.500.12235/104787/2/000802.pdf，二〇二二

間轉向的說明，從私密空間（Private Space）轉向開放空間（Public Space）。根據 Marie Rose 的憶述，她在慕道初期聖堂是私密空間，需要朋友介紹才可以「學道理」，聖堂並不開放給平民。但在「梵二」之後，教宗將世人都視為潛在的基督徒，主張向世俗傳福音，自此天主教的大門才向萬民打開，玫瑰堂才於社區開放。

誠然，「梵二」的影響並不單止在於空間的轉向影響了聖堂在社區中的角色，它更給予平信徒於聖堂中的能動性，增加了人實踐的可行性。一般而言，城市的空間再現多數是由政府等官方機構去預設。但聖堂是例外，聖堂應是按照神的旨意去建造，聖堂的作用早於幾千年前已被聖神所決定，以致人的能動性與再現空間是受限的。不過，如何詮釋這些旨意是人間的事，於是並不代表教堂不能改變。「以前平信徒是不可以參與彌撒事務，只有神職人員可以。不過，現時只要平信徒有意服務教堂，便可以參與善會，協助彌撒進行。」[20] Marie Rose 本人是玫瑰堂「領聖體員小組」的成員，參與善會令她有機會能踏上聖所，更近距離接觸意義上的「天國」。平信徒於聖堂中的實踐，令神聖空間不再是專屬於神職人員。「梵二」後空間轉向令人的流動性大增，聖堂成為可自由出入的地方，而平信徒的能動性亦隨著神職人員權力下放而增加。

年三月二十七日擷取。

20 胡淑瑜訪問，Marie Rose訪談，二〇二二年一月五日於餐廳受訪。

四、「沒有行為的信德是死的」——位格主義與玫瑰堂的信德服務

縱觀整個梵二會議的核心宗旨便是「與時俱進」（aggiornamento），銳意革新教會，與現代世界保持同步[21]。在《禮義憲章》裡〈論教會在現代世界牧職憲章〉一章中，教宗重新探討了人的位格與基督的關係，「應予拯救者是人的人格；應予革新者是人的社會。因此，我們的言論全部集中於人，集中於整個人，即人的靈魂、肉體、心情、良知、理智及意志」[22]。這番可稱為位格主義（Personalism）的思想不同於文藝復興後的人文主義，將人的價值推崇備至。反之，位格具有關聯自我和關聯世界的特性，因此而有理性、自由和責任，是圍繞人類的尊嚴、價值和福祉為核心的精神生態[23]。而如何肯定人的人性之餘，亦能透過基督教將其內化，這是救恩的任務。

玫瑰堂的角色一直隨著社會需要而改變。在五十年代末隨著大量難民湧入香港，油尖旺區的教友開始增加，玫瑰堂身兼學校、飯堂的功能，為難民供溫飽，小堂逐漸不勝負荷[24]。港教

21 王濤，〈論教會在現代世界牧職憲章與梵二精神——兼論梵二精神對天主教學術研究的啟示〉，《輔仁宗教研究》第二十期，二〇一〇，頁一八一。

22 王濤，〈論教會在現代世界牧職憲章與梵二精神——兼論梵二精神對天主教學術研究的啟示〉，《輔仁宗教研究》第二十期，二〇一〇，頁一八三。

23 Paul Tillich, *Biblical Religion and Search for Ultimate Reality*, (Chicago: University of Chicago Press, 1955), p. 23.

24 公教報，〈玫瑰堂賑米 助四百家庭〉，一九五〇年四月二日。

區意識到油尖旺區有必要增加多一座教堂，便將小堂關閉，移至油麻地東莞街附近新聖堂「聖保祿堂」。自此，Marie Rose便跟隨小堂的關閉而回到尖沙咀玫瑰堂本堂內彌撒。

從八十年代開始，Marie Rose便熱衷於參與堂區大大小小的善會活動。在她眼中，實踐信德比只是在聖堂中祈禱更為重要，她常言：「以前神父教做『耶穌』，比起講『耶穌』更加重要。如果身邊有人需要幫助，（教友）也視而不見，只在教堂中祈禱，是沒有用的。」[25]從女福音組，到送聖體員小組，再到善別禮儀小組，Marie Rose的善會服務從不限於堂區之內，而是她眼見之人。「我有自己的生活聖言，『為最小的弟兄而做，便是為我而做』[26]，所以我探病、探監、探露宿者和長者，希望為他們能做一些事。」六十多年，從不食言。她每天幾乎風雨不改地去玫瑰堂彌撒，去找尋精神的食糧、實踐自己的信仰。玫瑰堂作為同質空間的斷裂點，是神給予她的精神綠洲。

梵二後，玫瑰堂的善會如雨後春筍般成立。玫瑰堂有兩大善會組別：華語組與英文組，當中華語組有十餘支善會，為堂區內外的人做服務。「（善會）是因環境需要而逐漸多起來，教友可以自行組織活動或善會，神父亦會招募教友參與善會活動。有善會的話，活動會更有組織與效率。」[27] Marie Rose的女福音組在香港仔尚有水上新娘的時候，曾自行組織探訪活動去

25　胡淑瑜訪問，Marie Rose訪談，二〇二二年一月五日於餐廳受訪。
26　胡淑瑜訪問，Marie Rose訪談，二〇二二年一月五日於餐廳受訪。
27　胡淑瑜訪問，Marie Rose訪談，二〇二二年一月五日於餐廳受訪。

協助宋神父（宋啟文）與甘神父（甘浩望）的工作。在「六四民運」時，亦組織過遊行聲援學生運動。在善別禮儀小組中，她更是見盡人生的歡喜離別，「亡者，當然重要。但最重要的，還是留下來的人（家屬）。」[28]作為小組成員，她不單是到靈堂協助儀式進行，更會開解家屬，陪伴他們渡過艱難時分。於她而言，儀式是一種救贖，但不是只拯救亡者。至親的感受，也是她的服務範圍。

基督的救贖不是只存在於聖堂，而是彰顯在每個實踐教誨的信徒身上。在探訪醫院病人時，她不曾說過自己是天主教徒，但久而久之，病人會知道她是教友，主動問關於信仰的問題。梵二將天主教會由出世引至入世，人是核心服務對象。每位教友的角色都舉足輕重，他們的行為決定了「天主教」的信仰。在玫瑰堂百週年時，司鐸曾慶文神父曾寫道：「我們記念玫瑰堂建堂百週年，不是單指聖堂的建築物，更是指玫瑰堂的信眾團體——堂區。」聖堂作為神聖空間，其價值不單是在於建築物的宏偉壯觀，而是在內的人如何實踐空間所彰顯的內在精神，繼而再傳遞至每一位你與我。

28　胡淑瑜訪問，Marie Rose訪談，二〇二二年一月五日於餐廳受訪。

五、結語——玫瑰堂的時代意義

天主教作為世界最悠久的宗教之一，千年以來經歷過無數變革，「梵蒂岡第二屆大公會議」無疑是近百年來最具影響力的改革。彌撒禮儀在地化、神聖空間的建築風格、平信徒地位提升等等，各方面都重新定義了「人」在天主教的地位，更貼近萬民平等的概念。

聖堂作為神聖空間，在每個時代因應人的需求都有其獨特的精神意義，但唯一不變的是「實踐」與「拯救」。於香港人而言，玫瑰堂可以是充滿意義的歷史建築，見證英殖民時代的民族多元化與日軍佔領，可以是旅遊景點，更可以是走近聖神的第一步。空間場所是人記憶與生活的載體，「梵二」表面上只對天主教徒有影響，但實質是它改變人與教堂空間的實踐與意義，開放於社區令普通人都可以感受聖神的榮光。玫瑰堂的存在價值，一直隨時代需求而改變。在初建時，聖堂是外籍人士的禮拜場所；在戰後百廢待興時，聖堂是難民的學校與食堂；在平和年代，聖堂是眾人尋找心靈慰藉的地方，因應時代而生的空間價值，賦予玫瑰堂獨一無二的時代精神。

參考文獻

中文書目

丁新豹、盧淑櫻，《非我族裔：戰前香港的外籍族群》，香港：三聯書店（香港），二〇一四。

陳天權，《神聖與禮儀空間：香港的基督宗教建築》，香港：中華書局（香港）有限公司，二〇一八。

伊利亞德著，楊素娥譯，胡國楨校對，《聖與俗：宗教的本質》，臺北：桂冠圖書股份有限公司，二〇〇一。

吳新豪神父編譯，《天主教禮儀發展史》，香港：香港教區禮儀委員會，二〇一四。

王濤，〈論教會在現代世界牧職憲章與梵二精神——兼論梵二精神對天主教學術研究的啟示〉，《輔仁宗教研究》第二十期，二〇一〇。

吳永順，〈玫瑰堂的設計〉，綻放百載Ten decades of blossom and growth，香港：九龍玫瑰堂，二〇〇五。

綻放百載Ten decades of blossom and growth，香港：九龍玫瑰堂，二〇〇五。

《公教報》，〈玫瑰堂賑米　助四百家庭〉，一九五〇年四月二日。

英文書目

Richard P. McBrien, *101 Questions and Answers on the Church*, USA: Paulist Press, 2003.

Paul Tillich, *Biblical Religion and Search for Ultimate Reality*, Chicago: University of Chicago Press, 1955.

網路資料

《空間的再現與感知》，http://rportal.lib.ntnu.edu.tw/bitstream/20.500.12235/104787/2/000802.pdf，二〇二二年三月二十七日擷取。

梵蒂岡第二屆大公會議文獻：〈禮儀憲章〉https://www.vatican.va/chinese/concilio/vat-ii_sacrosanctum-concilium_zh-t.pdf，二〇二二年三月二十七日擷取。

《公教報》：〈【人物】恩保德神父晉鐸鑽禧　活用本地文化傳福音〉，https://kkp.org.hk/node/17316，二〇二二年三月二十七日擷取。

神聖恩典藏於禮，福音盈門願盡忠
——堅守禮節傳道的聖安德肋堂

陳沛滔

一、研究背景

教堂作為「神聖空間」（Sacred Place），它的重要性不僅在於是基督徒的聚會地方，更在於它作為一種具有自我昇華、脫離世俗世界的地方。[1]《聖經》尤其強調，教會的重要性：「因為，哪裡有兩三個人奉我的名聚會，哪裡就有我在他們中間。」[2]天主教聖安德肋堂（St Andrew's Parish）作為將軍澳新市鎮的天主教教堂之一，座落在坑口一處靈靜又鄰近社區的位置，就是當區天主教徒聚會的「神聖領域」。

正如下文所述，教堂作為基督徒體驗信仰的地方，故此對於他們來說，「返教會」這個行

1 Mircea Eliade, *The Sacred and the Profane: The Nature of Religion*, New York: Harcourt, 1987, pp. 11-12.

2 《聖經》（香港：香港聖經公會，二〇一四年），和合本修訂版，《新約》，《馬太福音》，第十八章第二十節，頁二十八。

為就一直建構著他們的宗教信仰、身份認同以及文化認同。在詮釋學的層面來解釋，他們在堅持信仰的背後就擁有著一個是為該信仰的思想背景，這包括了理性和感性的部份，是他們的「世界觀」。[3]本文利用「口述歷史」的方法，邀請了一位經常到聖安德肋堂參與主日彌撒的平教徒（laity）作為訪問對象。以平教徒作為對象的原因，在於平教徒並未有接受神學院的神學訓練，故此他們並未有對神學以及相關哲學的深刻認識，他們能夠維持信仰的原因很大程度上是基於與教會和教堂的接觸。

筆者認為，研究基督宗教（Christianity）不能脫離對信仰情感的理解，以及相關的神學背景。當代強調科學主義、實證主義的世界，都相當強調利用「去宗教化」的世俗主義及社會科學方法，來解釋這些教會儀式的社會作用，或者這些儀式的作用機制。這些研究面向雖然有其意義，但是筆者必須首先強調各種宗教都有理性和感性的面向。能夠解釋教會的作用機制，不代表能夠解釋教會、信仰存在的本質和意義，更不能解釋教會作為上帝的差所，於基督徒生命上的意義。故此，無論從任何學術面向上研究基督宗教，田野考察以及筆談訪問就變成了無可避免的研究方法。

3 若望修士（Brother John）著，張婉麗譯：《基督信仰有何獨特之處？》（香港：基督教文藝出版社，二〇一六年），頁七至十一；詮釋學部份，可參：Hans-George Gadamer, *Truth and Method* (New York: Continuum, 1997)；張隆溪：《闡釋學與跨文化研究》（北京：生活・讀書・新知三區書店，二〇一四年）。

二、聖安德肋堂的歷史與建築風格

（一）教堂小史

位於將軍澳的聖安德肋堂正是彰顯教會的神聖地位。聖安德肋堂的淵源可追溯至五十年代時調景嶺接濟忠於中華民國政府的大陸難民，堂區曾被命名為「聖母升天堂」。[4]而名符其實且獨立的「聖安德肋」堂區則於一九九二年成立，以紀念安德肋這位宗徒（Andrew the Apostle，基督新教譯為使徒安德烈），堂區在一九九三年正式升格，負責管理地區教務。[5]後來因應英國與中共政權簽訂《聯合聲明》而要清拆山區，調景嶺舊聖安德肋堂址則

4 《公教報》，〈為急救調景嶺難民展　傳教工作啟示〉，一九五〇年七月十六日，網頁：https://www.catholicheritage.org.hk/tc/catholic_building/st_andrew/archive/index_id_284.html。擷取於二〇二一年十一月二十八日；香港電臺：《再造的空間：調景嶺的二三事》（一九九三年二月二十七日），網頁：https://www.youtube.com/watch?v=LZ4KAOa0q9g，擷取日期：二〇二一年十一月二十八日；《公教報》，〈調景嶺兩週年〉，一九五二年六月二十九日，網頁：https://www.catholicheritage.org.hk/tc/catholic_building/st_andrew/archive/index_id_295.html。擷取於二〇二一年十一月二十八日；梁家麟：〈福音與麵包——基督教在五十年代的調景嶺〉，頁108-109。

5 《公教報》：〈聖安德肋準堂區成立，胡振中樞機督臨主祭：鼓勵信眾學習主保聖人精神〉，一九九二年十二月四日（第二五四七號），頁一；天主教聖安德肋堂：〈堂區歷史〉，網頁：https://standrew.catholic.org.hk/02_parish_info/02_parish_info_history.html。擷取於二〇二一年十一月二十八日。

因此需要解散，而彌撒就大多改為在當區天主教學校的附屬彌撒中心進行。[6]

現址聖安德肋堂會址的建立，源自一九九八年香港政府賣地予教會，於坑口地鐵站附近有三千平方米土地，可供興建容納七百人的新聖堂。新教堂會址於二〇〇六年落成，陳日君樞機（一九三二－）前往為之進行祝聖禮。在場有二千多名信眾到來慶祝新堂的建立，並成為了他們受天主牧養的教會。[7] 新教堂已經沒有了舊調景嶺時代的反共政治氣氛，反而作為新市鎮內其中一間牧養區內居民心靈的教堂。

（二）建築風格與「神聖空間」的概念

正如Mircea Eliade 所指，「神聖空間」的意義在於，信徒可以在這個地方與世俗世界斷裂，並完全融通信仰的空間。[8] 而此座新教堂就以「上主庭園」為建堂主題來演繹基督宗

---

[6] *Sunday Examiner*: "Final Tribute to Rennie's Mill Parish" (19 July 1996). https://www.catholicheritage.org.hk/tc/catholic_building/st_andrew/archive/index_id_689.html. Read on 28 November 2021.

[7] 羅國輝神父：〈前言後語話將軍澳聖安德肋堂〉，二〇一〇年六月四日。載於《天主教區歷史建築探索》，網頁：https://www.catholicheritage.org.hk/tc/catholic_building/st_andrew/archive/index_id_47.html。擷取於二〇二一年十一月二十八日；《公教報》：〈聖安德肋堂祝聖禮，陳秧勉信眾團結福傳〉，二〇〇六年十一月二十二日，頁一。

[8] Mircea Eliade, *The Sacred and the Profane: The Nature of Religion*, pp. 17-20.

教的神聖世界。堂內有慕道室、會議室、辦公室及大禮堂。大禮堂特以透光的彩色玻璃作為設計，並配以啡色、米色、墨綠色的地磚和白色牆作為基調。彩色玻璃上，刻有耶穌與十二門徒進行最後晚餐（The Last Supper）的畫面，旁有耶穌釘上十字架的像，象徵耶穌為世人受難之義舉。[9]在風和日麗之早上，光透過彩色玻璃照射在講道臺前的一排排櫈上，這些光照在教會的弟兄姊妹身上，就像與上帝同在，充滿神聖感覺，這種屬於上帝的白色庭園是多麼充滿平安喜樂。

而大禮堂內的祭臺、讀經臺、洗禮池、主禮位，都得到了禮儀藝術家白安賢修女（Sr. Angelica Ballan）以及禮儀建築師白基蘭修女（Sr. Michelangela Ballan）協助設計：祭臺、讀經臺皆以原木製成，與禮堂的「上帝庭園」概念相配合，展現出上帝創造萬物是充滿了祂造物的美意，自然之美是天父的作品。祭臺如同被長矛刺透的肋膀，展示了主耶穌基督在十字架死後羅馬士兵對其聖屍的舉動，並展現了聖子毅然「喝此苦杯」並且從容受死而對人類的無私救恩；讀經臺的形態如同一隻小船，這是象徵使徒安德肋蒙主恩召，放棄捕魚生活並甘心跟

---

9 天主教與基督新教的分別在於，前者強調耶穌的受難，天主教會藉此希望天主教徒能夠默想耶穌的受難，從而能夠與天主同行，繼而得到救恩；而基督新教則強調耶穌復活的得勝，這很大程度上是建基於宗教改革家馬丁路德藉著《聖經》的《羅馬書》，來強調「因信稱義」的神學思想，指出上帝的恩典方是基督徒得救的基礎。詳參蔡麗貞：《我信聖而公之教會：教會歷史專題》（臺北：校園書房，二〇〇四年），頁二一一至二三八；Roland H. Bainton, *Here I Stand: A Life of Martin Luther* (Nashville: Abingdon-Cokesbury Press, 1950), pp. 60-68.

從禮堂門口處向內觀望（筆者攝於2022年1月26日）

祭臺、讀經臺、施洗池以及聖體櫃的模樣（筆者攝於2022年1月26日）

隨耶穌服侍世人的典故，乃出自於《瑪竇福音》（Gospel of Matthew，基督新教譯作《馬太福音》）第四章的典故；至於洗禮池，就設計像一條河流，水從蓮花狀的施洗盤注下，供神父施浸之用。天花板上的鴿子則象徵著和平的聖神（The Holy Spirit，基督新教譯作聖靈），象徵基督徒接受浸禮後，就必然得著由主所賜下之平安喜樂，並成為神的兒女；至於主禮位亦以同樣方法製成，與祭臺、讀經臺三者連成一線作為一個整體，以示天主教信奉「三位一體」的神的教義；另外，也設有「聖體櫃」（Tabernaculum）[10]，是為代表著「天主臨在」的標記。教堂保存聖體的聖體側廳，由一道以彩石嵌畫的牆壁以及中央的聖體櫃所組成。

---

10 天主教的「變質說」認為，當基督徒領受聖餐時，餅與葡萄汁（或葡萄酒）將會立刻變為耶穌基督的身體與寶血，故此天主教徒稱這個儀式為「聖體聖事」，接受聖餐則為「領聖體」（Receive the Holy Communion），其《聖經》根據為《格林多前書》（基督新教譯作《哥林多前書》）當中「這是我的身體」、「這杯是用我的血所立的新約」的經文；而基督新教則認為耶穌這些說法只是象徵性質，故此「聖餐禮」（Eucharist）的本質是紀念耶穌，而不是吃耶穌的身體、飲耶穌的血。詳參"The Council of Trent: The Thirteenth Session", in J. Waterworth (edits.), *The Canons and Decrees of the Sacred and Œcumenical Council of Trent: Celebrated Under the Sovereign Pontiffs, Paul III, Julius III and Pius IV* (London: Dolman, 1848), pp. 75-91; 中華基督教會香港區會神學牧職部信仰與禮儀小組修訂：《禮儀手冊》（香港：中華基督教會香港區會，二〇一九年）；Mother Mary & Timothy Kallistos Ware, *Festal Menaion* (Waymart: St Tikhon's Monastery Bookstore, 1998), p. 555.

三、一名平教徒的信仰：以Nature女士為例

筆者相當榮幸能夠邀請到Nature女士（下稱N女士）作為是次口述歷史計劃的受訪者，她去聖安德肋堂的年數有十多年的經驗，並且在教會內不同堂址中轉換，故此也熟知教會、堂區的發展情況。筆者亦在此次訪問獲益良多，對於天主教平教徒、天主教禮儀、天主教徒的信仰生活等等都有許多新認識，在此向Nature女士表達謝意。[11]

（一）個人信仰的起源

香港戰後的經濟雖然慢慢康復，但是仍是處於一個比較艱難的情況。香港戰後嬰兒潮再加上大量中國人口投奔自由香港，致使每個香港人的經濟條件也是相對比較貧乏。基督教會以及天主教會對社會的救濟工作，令不少人在這個情況底下成為了基督徒，對於調景嶺山區居民而言，這個更是常態。[12]雖然N女士非生於調景嶺，但對她以及她的家庭而言也是一樣的。

---

11 本文將會以N女士作為代號。

12 香港電臺：〈再造的空間：調景嶺二、三事〉（一九九三年二月二十七日，網址：https://www.youtube.com/watch?v=LZ4KAOa0q9g，擷取於二〇二二年三月三十日。）

N女士是退休的公務員，自幼時生長於香港，並居於樂富。她的家人如嫲嫲、父親、母親以及兄弟姊妹全部都是天主教徒。她指祖輩來到香港時，他們一家都居住在石硤尾木屋區內，經濟條件相當困苦。一九五三年石硤尾木屋區大火以後，香港政府被逼重新檢視房屋政策，後來他們一家也因為石硤尾徙置區的成立而有新居所，不過經濟環境也不見樂觀。故此，她指當時有許多天主教會來到石硤尾救濟居民，當時祖輩、父母輩就受到了天主教會很多的幫助，故此全家都在深水埗石硤尾街的聖方濟各堂（St Francis of Assisi Church）受洗成為天主教徒。[13]

後來一家搬到了後來被稱為樂富的「老虎岩」地區，她本人在出生時就在聖博德堂（St Patrick's Parish）領洗的。[14] 因此，N女士是生長在濃厚的天主教家庭、背景之中，這對於她建構自己的信仰是非常重要的元素，而她也是一位相當虔誠、堅實的天主教徒。

（二）個人的教會、服侍生活

N女士指，她在幼童時期就已經開始返教會，並在教會內參與服侍工作。而在小學、青少年時期又參加了「善會」，即是一般天主教教友為了教會工作而建立的組織，並通過服務教會

13　陳沛滔訪問，Nature女士（化名）訪談，二〇二二年二月九日於香港調景嶺大快活分店。

14　同上。聖博德堂現址是九龍橫頭磡富美東街十二號。

和人群，以強化自身信仰以及進行靈修生活。[15]她亦參與聖詠團，透過音樂、歌聲和詩歌，讚美上帝創造萬物的美麗、耶穌為世人殉死的義舉。這些詠唱亦是在莊重的彌撒中進行，對於基督徒靈性生活中扮演著非常重要的角色。[16]

在樂富居住多年後，N小姐在二〇〇一年搬遷至調景嶺。初時，她對於找不到天主教會在將軍澳地區的分堂感到迷惘，後來在天主教會香港教區的 Facebook 詢問下，找到了位於坑口的聖安德肋堂。她原本期望她新入伙能夠有教會進駐，協助居民的屬靈工作，但似乎教會對播福音的態度比較消極和被動。而她現在則會在教會開放時，會返到聖安德肋堂進行彌撒，並且參與聖詠團詩歌奏唱的服侍工作，因為這是她拿手的地方。[17]

另外，她亦有時會參與聖安德肋堂一些「避靜」的活動。雖然她並不太認識身邊的教友，但認為大家在避靜期間一同讀經是能夠令心靈進行靈修的好方法。她指出避靜時會有一些默想、反省、悔罪的環節和禮儀，期間大家會吃一些簡單的食物，諸如神父所派的麵包。大家亦甚少對話，大多在神父講解下讀經和靜修，她指避靜就像是去「宿營」似的。而教會聚會也是

15 同上。

16 同上；蘇開儀：〈聖詠團〉，載於天主教輔仁聖博敏神學院禮儀研究中心，網頁：https://theology.catholic.org.tw/public/liyi/topics/music/su/text6.htm，擷取於二〇二二年三月三十日；另外可參詳紀哲生編：《教會音樂的功能》（香港：香港浸信會，二〇一〇年）。

17 陳沛滔訪問，Nature女士（化名）訪談，二〇二二年二月九日於香港調景嶺大快活分店。

她生活其中一個部份，例如會舉行生日會、一同行山、燒烤、隱修會等等節目。[18]

可見，N女士透過聖安德肋堂內不同的活動，在享受教會活動的同時，她能夠在其中去反思自己的信仰。並在默想、祈禱、悔罪等儀式之中，鞏固她對信仰的信心，信仰亦能帶給她具有靈性的生活，而教會群體也成為她生活的一部份。

（三）信仰以及屬靈生活

新教教會時常攻擊天主教的禮儀（Liturgy），是拜偶像（Idolatry）的繁文縟節，這明顯是忽略了禮儀、儀式對於強化信仰的重要性。Erik Erikson 就指出禮儀的意義和作用：「至少兩個人之間協定之相互作用，他們在具有意義的時間間隔以及不斷出現的情況重複這個作用，並達成一致，而這種相互作用對所有參與者都具有適應性價值。」[19] 意思是，教徒在同一個時間進行同一個禮儀，將具有宗教上的意義，並且令各人集體地融入這個儀式以及背後的教會之內。

羅馬天主教一直都維持了自羅馬主教（即教宗）作為西方教會首席主教下，所堅持的千多

18 同上。

19 Mark Searle, "Ritual", in Cheslyn Jones, Geoffrey Wainwright, Edward Yarnold, Paul Bradshaw (edits), *The Study of Liturgy* (London: Holy Trinity Church, 1992), pp. 51-58; Erik Erikson, "Ontogeny of Ritualization: Ontogeny of Ritualization in Man", in *Philosophical Transactions of the Royal Society of London. Series B, Biological Sciences*, Vol. 251, No. 772 (December 1966), pp. 337-349.

年傳統，對於禮儀非常執著，原因在於天主教認為這些禮儀象徵著天主透過「有形的標記」，來通傳其「無形的恩寵」。[20] 筆者曾經向N女士問及，新教教會與天主教會在禮儀上有何差別。N女士坦白地指出她對宗教儀式的認識並不太深，她主要希望能夠自己付出時間幫助進行教會工作，因此她很少參與《聖經》的研習班。[21]

在筆者的觀察下，N女士的屬靈生活主要由聖安德肋堂的神父、修女所帶領，例如在彌撒時向天主祈禱，並且會「領聖體」，領聖體的意思就與基督新教的聖餐禮一樣，透過飲葡萄酒及吃餅乾，以象徵與上帝同在。她指出「聖體」就是基督的身體，用象徵聖血的葡萄酒與無酵餅一同吃，以代表天主與世人同在的意思；她也指出悔罪禮是彌撒儀式中重要的一環，並頌讀《悔改經》（筆按：應為《悔罪經》），向天主宣認自己是一個罪人並且需要去悔改。為此，教會另外設有獨立的「告解亭」，供人去向神父告解。[22]

可見，N女士與大部份的平教徒一樣，鮮少對於教會信仰的神學思想提出具哲學性的思考和疑問，但是她很明顯對於教會禮儀，諸如彌撒、悔罪禮等等都有準確的簡單描述，而她亦清

---

20 黃克鑣：〈拉內論基督之死的「聖事象徵因」〉，載於《神學論集》，一四四期（二〇〇五夏），頁二五三至二七〇。

21 陳沛滔訪問，Nature女士（化名）訪談，二〇二二年二月九日於香港調景嶺大快活分店。

22 同上。

楚知道這些儀式背後的意義，以及禮儀對於她信仰生活的意義。

（四）對聖安德肋堂建築的看法

教堂作為「神聖空間」對於平信徒的意義，在肺炎「疫情」下的N小姐也有其看法。她認為聖安德肋堂非常宏偉，旁邊的花園也很美麗。花園的各個聖像，再配合旁邊的聖物堂，就是「非常完美」的一件事。她又指，比起以往在聖博德堂，聖安德肋堂的空間不僅比較大，外觀也非常華麗。她認為花園的設計對她來說是一個能夠感受到上帝恩典的體驗。除了覺得觀感上的美以外，她認為樓梯一級一級地上升，並旁邊有耶穌的聖像，感覺像是會引導她的情緒進入信仰。在神學上，聖像（Icon）被理解為是一種「可見的福音」（Visible Gospel），作為對上帝道成肉身地創造偉大事物的見證。[23]不過，港府嚴厲的防疫政策就曾相當影響N女士返教會的感受，原因是她認為回到教堂進行彌撒時會整個人寧靜許多，單人在家中進行網上彌撒，感覺上就與弟兄姊妹相當疏離，自己難以如此進行彌撒。[24]

---

23 Constantine Scouteris, "Never As Gods: Icons and Their Veneration", In Orthodox Research Institute, URL: http://www.orthodoxresearchinstitute.org/articles/liturgics/scouteris_icons.html. Read on 9 April 2023; J. Meyendorff, *Byzantine Theology: Historical Trends and Doctrinal Themes* (New York: Fordham University Press, 1999), p. 44.

24 陳沛滔訪問，Nature女士（化名）訪談，二〇二二年二月九日於香港調景嶺大快活分店。

她同時間指出了教堂建築對她的重要性。筆者問及，是否在有選擇的情況下返實體彌撒會比較開心，N女士指她有時經過尖沙咀、灣仔及銅鑼灣時，都會順路到玫瑰堂（Rosary Church）、聖母聖衣堂（Our Lady of Mount Carmel Church）、聖保祿修院（Saint Paul's Convent，亦稱為「基督君王小堂」）處祈禱。據筆者觀察，N女士似乎頗為認同建築物的美感對於信仰的重要性。她指出灣仔聖母聖衣堂設計是半圓形的，她在聖堂內祈禱時感到非常親近上帝，而她亦非常稱讚基督君王小聖堂的華麗，故此在這些教堂內時她都很投入在祈禱當中。[25]

（五）對聖安德肋堂、基督新教的看法

N女士在訪談之中，特別指出了聖安德肋堂令她非常欣賞的地方。她認為雖然以往聖博德堂的講道質素很高，但就在內容形式和編排上就比較單一、變化不多。而現時的聖安德肋堂則經常邀請不同國籍、不同身份的神父前來講道，如菲律賓裔、意大利裔等等，也有時候會邀請天主教總堂、明愛學院等地方的神父前來，每次他們講道的內容都不同，並且非常用心。她亦覺得聖安德肋堂本身的主任司鐸，亦即郭偉基神父的講道也相當高質素，令自己在靈性上的發

25 同上。

展獲得很多。[26]她指出意大利神父比較多在講道中，提及宗教、信仰上的事情，而少提香港新聞、現實的世俗問題；而出身本地的郭偉基神父則比較「貼地」，在講及信仰事情時，亦盡量講些許新聞的事情，而她最欣賞是郭神父會準備PowerPoint簡報，以信仰角度點評時事。

她認為天主教的保守性質很適合她，而她對基督新教則有不太好的印象。她提及曾經兩次前往浸信會的團契，當時浸信會的牧師在講完一篇道以後，就要求聽眾即時表態是否認同他所說。她認為這是即時的壓力，就像被「圍攻」般一樣，令她感覺不太良好。所以她認為天主教的保守和低調，比較合適她這種在信仰上比較被動的特質；而且，她認為基督新教激進地認為「自己才是真理，而其他則不是」的性質對她而言是不合適的，因為她認為天主教會相當包容其他宗教以及不同文化習俗，與基督教「過於激進」有所保留。然而，她對聖安德肋堂或是天主教會過於低調則有少許意見，認為天主教會在播福音上可以更為積極，如可以入屋苑寄出單張等方法，令更加多當區的天主教徒可以知道何處有教會可以返。[27]

據筆者的觀察，N女士並不是在信仰上比較激進的天主教徒，她很明顯不太認同部份新教教會傳福音的方法，因為這會令部份比較保守、內斂的人對基督宗教卻步。而她自己對於入屋苑派傳單這項比較低調的宣傳方法頗為認同，亦在訪問中多次強調這項工作的重要性。

26 同上。

27 同上。

四、結語

筆者在一次參訪聖安德肋堂時，曾經與教堂義工交談，得悉教堂內曾經在反共色彩濃厚的調景嶺山區居住過的教友已經非常少，因為大多已經蒙主寵召，皆已作古，故此非常難找到老教友，就算有，都只會是不定時出席早上彌撒。而且大多因為年紀老邁、身體退化，而無法再前來進行集體彌撒。不過，天主教聖安德肋堂的前身，與調景嶺山區難民兩者的緊密關係，則不宜因此被否定。

而聖安德肋堂作為將軍澳新市鎮的一處天主教教堂，它對社區以及天主教徒的意義也具相當重要性。筆者透過訪問N女士的經歷時，得知雖然天主教會在宣播福音上未必如新教教會般主動和熱情，但是她能夠透過聖安德肋堂不同服侍活動，例如聖詠團、避靜宿營作為她生活、社交的一部份；而她作為一個未有神學訓練的平教徒，她似乎很強調天主教友透過教堂的集體禮儀，作為自己理解信仰的方法，諸如與教友一同唱聖詩、進行悔罪禮、讀經、聽神父講道、告誡等等儀式，加強自己作為天主教徒的身份，並與世俗區別起來。而教堂作為「神聖空間」，就充份扮演著強化平徒教靈性體驗的功能，至少N女士在肺炎「疫情」以及政府抗疫政策的體驗下，去教堂祈禱的「與天主同在」感覺，就比起在家中看直播強得多，這證明了教堂作為「神聖空間」對於平信徒信仰層面的增值有很重要的角色。

我們若從社區層面觀察N女士的教會生活的話，我們看到聖安德肋堂的集體儀式，或是它作為教徒在禮拜日相聚、活動的地方，它凝聚了許多平教徒的心靈。他們信仰於是不能離開教會，而返教會也是信仰的本質之一。教會作為基督徒的聖殿，也扮演著凝聚教會弟兄姊妹的作用。於聖安德肋堂而言，它是凝聚著將軍澳地區的天主教徒，也為剛剛來到此地區居住的天主教徒提供一個心靈的居所。

總結而言，從N女士的訪問經歷中可以看到，聖安德肋堂的被動取態，承襲了香港天主教區的保守、被動性質，若以傳播福音的角度來看，或許未有特別地方能夠記錄下來。但是它對於當區本身為天主教徒的居民，就扮演著凝聚、牧養主內弟兄姊妹的功能，這點就非常值得我們去肯定的。例如N女士多次指，她去到教堂祈禱對自己靈性發展的作用，比起在家中看彌撒更為有用，分別證明了教堂作為「神聖空間」對於平教徒的意義，在於區隔開家中這種世俗空間。而在教堂的靈性體驗也證明了宗教的感性面向，對於平教徒而言非常重要。若果感性部份崩潰，作為理性部份的信仰也無法單獨存在。

N女士的事例向我們證明了基督宗教的特點，也反映了她與聖安德肋堂的關係，象徵著一般平教徒與教會的關係。教會作為支撐信仰的神聖空間，與信仰的本質是同一件事，兩者不能被分割。

參考文獻

原始材料

《聖經》（香港：香港聖經公會，二〇一四年），和合本修訂版。

Roman Catholic Diocese of Hong Kong, *Sunday Examiner*：天主教香港教區：《公教報》。

Waterworth, J. (edits.), *The Canons and Decrees of the Sacred and Œcumenical Council of Trent: Celebrated Under the Sovereign Pontiffs, Paul III, Julius III and Pius IV* (London: Dolman, 1848), pp. 75-91.

中華基督教會香港區會神學牧職部信仰與禮儀小組修訂：《禮儀手冊》（香港：中華基督教會香港區會，二〇一九年）。

香港特別行政區政府：〈政府因應疫情變化收緊社交距離措施〉，二〇二二年二月九日，網頁：https://www.info.gov.hk/gia/general/202202/09/P2022020800738.htm?fontSize=1。擷取於二〇二二年三月三十日。

香港電臺：《再造的空間：調景嶺二、三事》，一九九三年二月二十七日，網址：https://www.youtube.com/watch?v=LZ4KAOa0q9g。擷取於二〇二二年三月三十日。

梵蒂岡第二次大公會議：《禮儀憲章（Sacrosanctum Concilium）》（梵蒂岡：梵蒂岡第二次大公會議，一九六三年），臺灣教區主教團秘書處所譯中文版，網頁：https://www.vatican.va/chinese/concilio/vat-ii_sacrosanctum-concilium_zh-t.pdf。擷取於二〇二二年三月三十日。

陳沛滔筆錄：《聖安德肋堂訪談文字稿》（二〇二二年二月九日，訪問於調景嶺大快活分店）。

中文書目

王明珂：〈誰的歷史：自傳、傳記與口述歷史的社會記憶本質〉，載於《思與言》，第三十四期（一九九六年九月），頁一四七至一八四。

邱淑芬：〈靈性面向在成人教育上的意義〉，載於《成人教育學刊》，第六期（二〇〇二年十月），頁五十一至七十二。

紀哲生編：《教會音樂的功能》（香港：香港浸信會，二〇一〇年）。

若望修士（Brother John）著，張婉麗譯：《基督信仰有何獨特之處？》（香港：基督教文藝出版社，二〇一六年）。

梁家麟：《福音與麵包——基督教在五十年代的調景嶺》（香港：建道神學院基督教與中國文化研究中心，二〇〇〇年）。

黃克鑣：〈拉內論基督之死的「聖事象徵因」〉，載於《神學論集》，一四四期（二〇〇五夏），頁二五三至二七〇。

劉義章、計超合著：《孤島扁舟：見證大時代的調景嶺》（香港：三聯書店，二〇一五年）。

蔡麗貞：《我信聖而公之教會：教會歷史專題》（臺北：校園書房，二〇〇四年）。

英文書目

Bainton, Roland H., *Here I Stand: A Life of Martin Luther* (Nashville: Abingdon-Cokesbury Press, 1950), pp. 60-68.

Eliade, Mircea, *The Sacred and the Profane: The Nature of Religion* (New York: Harcourt, 1987).

Erikson, Erik, "Ontogeny of Ritualization: Ontogeny of

Ritualization in Man", in *Philosophical Transactions of the Royal Society of London. Series B, Biological Sciences*, Vol. 251, No. 772 (December 1966), pp. 337-349.

Gadamer, Hans-George, *Truth and Method* (New York: Continuum, 1997).

Ha, Louis & Taveirne, Patrick, *History of Catholic Religious Orders and Missionary Congregations in Hong Kong* (Hong Kong: Centre for Catholic Studies of Chinese University of Hong Kong, 2009).

Holloway, Julian, "Make-Believe: Spiritual Practice, Embodiment and Sacred Space", in *Environment and Planning A*, Volume 35 (November 2003), pp. 1961-1974.

Meyendorff, J., *Byzantine Theology: Historical Trends and Doctrinal Themes* (New York: Fordham University Press, 1999), p. 44.

Mother Mary & Ware, Timothy Kallistos, *Festal Menaion* (Waymart: St Tikhon's Monastery Bookstore, 1998), p. 555.

Rapoport, A., "Sacred Places, sacred occasions and sacred environment.", in *Architectural Design*, Volume 52, Issue 9/10 (1982), pp. 75-82.

Searle, Mark, "Ritual", in Jones, Cheslyn & Wainwright, Geoffrey & Yarnold, Edward & Bradshaw, Paul (edits), *The Study of Liturgy* (London: Holy Trinity Church, 1992), pp. 51-58.

網路資料

天主教聖安德肋堂：《堂區歷史》，網頁：https://standrew.catholic.org.hk/02_parish_info/02_parish_info_history.html。擷取於二〇二二年十一月二十八日。

羅國輝神父：《前言後語話將軍澳聖安德肋堂》，二〇一〇年六月四日。載於《天主教區歷史建築探索》，網頁：https://www.catholicheritage.org.hk/tc/catholic_building/st_andrew/archive/index_id_47.html。擷取於二〇二二年十一月二十八日。

蘇開儀：〈聖詠團〉，載於天主教輔仁聖博敏神學院禮儀研究中心，網頁：https://theology.catholic.org.tw/public/liyi/topics/music/su/text6.htm。擷取於二〇二三年三月三十日。

Scouteris, Constantine, "Never As Gods: Icons and Their Veneration", In Orthodox Research Institute, URL: http://www.orthodoxresearchinstitute.org/articles/liturgics/scouteris_icons.html. Read on 9 April 2023.

緊追先賢耀主道，一片熱心為社區
——為信徒「靈糧」與居所的611靈糧堂

趙子蕎

「靈糧」一詞，相信大家或會聽過，而且大多應該是從基督宗教處聽來的吧？可是，各位又知不知道靈糧作何解釋呢？「靈」一字來自於《聖經》中〈約翰福音6：63〉：「叫人活著的乃是靈，肉體是無益的。我對你們所說的話，就是靈，就是生命。」至於「糧」一字則是來於〈約翰福音6：35〉：「耶穌說：『我就是生命的糧，到我這裡來的、必定不餓；信我的、永遠不渴。』」靈糧，其實所指的就是耶穌的話語[1]，信徒應該要遵照耶穌在世上所行的神蹟奇事及祂對門徒的教導。[2]而據基督宗教所言，教會就是提供信徒在神裡面的心糧的處所，

1 耶穌的話語，其實就是指紀錄在《聖經》上的經文。基督宗教說明神是由天父、聖子、聖靈組成的三位一體真神，所以其實耶穌的話語，也就是遵守神的話語，也即是整本《聖經》所描述神的神蹟奇事及其教誨。

2 從而在言語和行為都依照神的樣式生活，方為神所喜悅的人。這樣說諸位會否認為基督宗教好像有那麼一點不近人情？其實又不然。基督宗教強調人在世上不止要有肉體上的糧食，而是要有「心糧」才能在靈裡的生命上活著，如〈申名記8：3〉：「他要苦煉你，任你飢餓，將你和你列祖所不認識的嗎哪賜給你吃，使你

信徒每星期到處所裡聚會，其實就是回到神裡的家，重新在靈裡得力；而在神家裡的大家都會稱各人為弟兄姊妹，一同為了在地上建立起神的國度而努力。[3]

本文所研究的611靈糧堂也是呼應這個教義，表示要提供靈命上的糧食給予信徒並傳揚福音。該堂是由張恩年牧師在二〇〇一年成立的，迄今不過二十多年的時間就成為香港一家規模不小的教會，還有和海外的教會也有著不少的聯繫，究竟該堂有何特別之處呢？筆者很榮幸可以邀請到馮麗賢小姐分享她在611靈糧堂多年的服侍經歷。馮小姐在教會內固定的服侍兒童團契，也多次參加教會的活動，對基督宗教、教會的特色和教會與社區的互動也有一定的了解。在此筆者希望向馮小姐表達謝意，也希望從馮小姐的經歷了解該堂如何聯繫信徒的信仰與社區。

一、611靈糧堂的成立

611靈糧堂的創辦人張恩年牧師曾在臺北靈糧堂服侍，在二〇〇一年張牧師與母親受臺北靈糧堂的差派回港。據張牧師憶述，他在臺北回香港的途中受聖靈的感召，當時聖靈對

---

[3] 其實也就是做宣教的工作，把福音傳遍地極。知道，人活著不是單靠食物，乃是靠耶和華口裡所出的一切話。」基督宗教認為人們在世上生活如果靈是枯萎的，其實在神裡面就視之為生命的死亡，再不是活著；因此想要在神裡活著，就是靠神的話語。所以，其實「靈糧」除了是神對於人的教導之外，也是神為了維持人在世上保持在神裡面的靈命的話語。

他說了以下《以賽亞書》61：1這句經文，為：「主耶和華的靈在我身上；因為耶和華用膏膏我，叫我傳好信息給謙卑的人，差遣我醫好傷心的人，報告被擄的得釋放，被囚的出監牢[4]。」因此張牧師便以「611靈糧堂」為教會的名字。無獨有偶的是，當張牧師再一次尋求聖靈的異象，看教會的名字是否神屬意的時候，發現教會最開始的所在地為北角堡壘街六十一號一樓，[5]就更肯定要以611為名。不過，雖說611靈糧堂是以「靈糧堂」作為其堂名，但根據教會資料，該堂與臺北並無從屬關係。[6]

二、611靈糧堂的建築特色

大型教會一般都會有自己獨立的一棟建築作為會址。一些歷史悠久的教會更加會有堂皇的建築裝飾來凸顯神與教會的崇高地位。而611靈糧堂則是座落於荃灣區一個屋苑的商場裡，[7]其

4 這句經文說的是《聖經》舊約中的先知以賽亞宣告救世主「彌賽亞」將要臨到世上拯救世人，而他要被神差遣到各處彰顯神的榮耀與公義，包括透過以神之名行神蹟，如「被擄的得釋放」等，611靈糧堂以這句經文為他們的創堂金句，不難看見他們是以為神在地上行神蹟為教會主要的目標。

5 611小檔案，取自https://church611.org/611%E5%B0%8F%E6%AA%94%E6%A1%88/

6 而同香港其他的靈糧堂如九龍靈糧堂、旺角靈糧堂等均沒有相連的關係，這也是其一處特點。

7 香港新界荃灣荃貴街2-18號　富麗花園A商場1字樓，參考自https://church611.org/%e8%81%af%e7%b5%a1%e6%88%91%e5%80%91/

外表與商場相襯、樸實無華。[8]

611靈糧堂雖然沒有其他教會奪目，可是正正因為其貼近民居，反而更顯得平易近人，而能融入到社會裡面，與社區之間有更大的聯繫。另外，雖然611靈糧堂的外觀設計感覺樸素，似失教會風範，但其實該堂也是十分重視教會建築的細節。例如受訪的馮小姐就提及，「荃灣母堂外牆的石頭是專門從以色列運過來的」；[9]而且其實他們對於內部的裝潢也十分的用心，例如「教會裡會有專屬於兒童主日學的房間，裡面設計得五顏六色來吸引小朋友、也會鋪設防撞墊來確保兒童的安全」等。[10]

在受訪的過程中，馮小姐也表示作為信徒對於

8 從以下的相片可見，611靈糧堂的外牆與普通的大廈並無二致，而在其下面更有一家連鎖快餐店，與周遭的環境融為一體，更顯「貼地」的感覺。

9 趙子喬訪問，馮麗賢小姐訪談，二〇二二年一月二十八日視訊受訪。

10 趙子喬訪問，馮麗賢小姐訪談，二〇二二年一月二十八日視訊受訪。

從611靈糧堂的門口處觀望教堂的外貌（筆者攝於2022年6月1日）

母堂設計的看法：雖她將611靈糧堂的外觀形容為「罨耷」，但她亦感受到其對建築用料及內部裝潢的悉心安排，以令信徒有回到「家」的舒心感覺，並不會因為堂皇的外觀而令信徒卻步，反之會讓更多的人們想進入這個神的家。如此看來，611靈糧堂的設計能成功拉近與信徒的關係，走平民化的路線吸引信眾。

三、611靈糧堂的特色

正如其建築的巧思，611靈糧堂與香港大多數的教會都很不一樣。據馮小姐表示，他們比較重視以色列的傳統文化，所以堂內奉行不少別具特色的基督宗教習俗。[11]例如他們會請熟悉猶太人文化的老師到教會裡講道，讓信徒能以猶太人的角度了解《聖經》。[12]又會唱以色列文的聖詩，由此可見他們是以《聖經》舊約為教會的核心。一般而言，基督宗教及教會

11 以下例子皆為馮麗賢小姐在教會裡的經歷總括所得。趙子蕎訪問，馮麗賢小姐訪談，二〇二二年一月二十八日視訊受訪。

12 《聖經》的原著文乃希伯來文，因此無論是英文還是中文的翻譯都無法完全的表達經文的含義，例如彌賽亞一詞希伯來原文為「מָשִׁיחַ」，其義為「受膏者」、「以色列的王」、或特指「救世主耶穌」，但無論中文「彌賽亞」或英文「Messiah」都無法從字面的意思理解這是代表什麼，但從原文裡的解釋來看，就會知道耶穌是以色列的王，更是救世主。綜觀香港，少有人會懂得希伯來文，更遑論精通到可以詮釋經文，因此611靈糧堂請拉比講道，不僅僅是尊重以色列的文化，更希望把神親口說的話語告訴信徒。

都會令人聯想到聖誕節、復活節等與耶穌息息相關的節日及活動，可是611堂並不重視這些在外人看來是基督教的「重中之重」，反而他們會慶祝傳統的以色列節日如住棚節[13]、普珥節[14]和逾越節[15]等。他們會根據傳統，並非只以耶穌為中心，在這些節日舉辦活動慶祝或紀念，例如在住棚節吹號角、用棕櫚枝灑水，又因住棚節是處於收成期而吃五顏六色的蔬菜；在普珥節時會吃象徵哈曼耳朵的餅乾[16]；在逾越節更會吃苦瓜、羊肉和餅等，這些習俗在其他教會很少見到。就此，馮小姐進一步的解釋611靈糧堂嘗試為信徒營造更貼近以色列傳統文化的教會，希望藉著使信徒親身體驗以色列文化，能令他們以猶太人的角度和脈絡來了解《聖經》的信息。該堂有這樣的取向也不難明白，他們比較著重於以神的神蹟奇事來吸引信眾，而《聖經》中描述的神蹟較為集中於舊約所載的在出埃及時代及先知時代，而且其時耶穌也並未活躍。因此611靈糧堂更注重舊約所述的猶太人傳統節日和活動，以令信徒更投入於《聖

13 住棚節是紀念古代以色列人離開埃及之後在曠野中漂流四十年期間所住的棚屋，並追念耶和華在這期間供養了所有猶太人的飲食，在每年大約九、十月間，為期七天。

14 相傳以斯帖皇后識穿哈曼滅絕猶太人的企圖，猶太人為紀念以斯帖皇后的得勝而訂下為期兩日的普珥節，在每年的三月間。

15 逾越節為紀念上帝在殺死埃及一切頭胎生物，並殺死埃及人的長子時，越過以色列人的長子而去。在每年四、五月間。

16 類似蛋散的食物。

經》中的信仰世界，甚至致力於為教會傳教。

除此之外，611靈糧堂十分重視小組制度，在別的教會多要先參與一些教堂活動才能進入小組，但是611靈糧堂卻是鼓勵所有的弟兄姊妹進入小組。[17]據與馮小姐的訪問，在小組裡他們會先進行敬拜，然後互相分享感受，再由組長進一步教導組員，最後再一起祈禱。由此可以見到611堂的小組十分的倚重組長的帶領，而事實上611靈糧堂亦強調組員要順服組長[18]，因為組長就是代表權柄[19]。不過，馮小姐強調，雖則組員是要順服於組長，彼此關係看似十分的嚴肅，但是其實組長是幫助組員去成長，在生命和靈命上有突破，像父母般陪他們成長，當組員可以獨當一面的時候，組長會放手讓他們去帶領新的小組，牧養資歷較淺的信徒。周而復始之下，611堂就成立了許多的小組，因而教會的規模不停的擴大。

目前，611靈糧堂內大多都是小組自行聚會，只有在大時大節才會與其他小組一同作大型崇拜，那麼小組與小組之間會否很分離呢？馮小姐表示是不會的。其原因是611靈糧堂除了組長以外還設立了族長統合不同小組。611堂將會眾分為各個稱為「大區」的小組，每個

17　趙子蕎訪問，馮麗賢小姐訪談，二〇二二年一月二十八日視訊受訪。
18　組長常為志願的信徒。
19　在基督宗教裡上帝表面要順服權柄（包括在地上的上位者、父母長輩等），小組的組長就是小組裡的導師，是組員靈命上的長輩，而組員作為學生和後輩（靈命上），應當順服組長。

大區設族長一名，以下再分小組，層層管理。每當大區有活動[20]族長就集合所屬小組，讓各個小組互相交流。可見，族長是維繫各個小組關係的關鍵，透過形形色色的活動加強小組間的聯繫，令小組在獨立成長之餘也不會與其他教會裡的弟兄姊妹過於疏離。總括而言，611靈糧堂相當重視階級觀念，以建立信徒之間的組織性。也許因為如此，他們才得以迅速發展成相當具規模的教會。

四、611靈糧堂的社區服侍

611靈糧堂不僅僅依傳統到街上佈道，亦透過滲入日常生活中來宣傳教會。例如他們會在「新年的時候在荃灣的年宵租幾個攤位，賣一些教會的物品」，[21]還有為居民祈禱，讓居民了解他們教會。除此之外，611靈糧堂設立了幼稚園、補習社等的教育機構，讓青少年這個年齡層除了返教會可以接觸到上帝之外，也可以有更多的時間去認識基督宗教。而且，611靈糧堂也貼近潮流做媒體的事工，拍攝一些貼近青年人生活處境的片段，例如一些微電影，這樣不止單單的講道，讓年輕人接收到一些資訊也不會覺得沉悶。雖然目標受眾是兒童和

20 活動包括聚餐、日營等。

21 趙子蕎訪問，馮麗賢小姐訪談，二〇二二年一月二十八日視訊受訪。

青少年，可是611靈糧堂做這些媒體事工也絕不馬虎，他們在「荃灣母堂附近的工廠大廈特地租了兩層樓，還為這個服侍單位悉心的佈置，也添置了良好的攝影器材」。[22]如此種種都見611靈糧堂如何擺脫教會的刻板印象，用各種的方法播道傳教。

事實上，有別於其他教堂，611靈糧堂很願意投入資源在青少年和兒童事工當中。[23]例如他們在荃灣的工廈也租有場地專職做青年事工，對於一間教會來說是亦是所費不貲。不僅如此，611堂對於兒童事工的重視不亞於對成年人的。就以日常的崇拜來說，611堂在週末設有兒童專屬的兒童崇拜，[24]將兒童分成不同的年齡組別，如0-2歲、3-6歲、7-11歲等，讓父母可以按著組別與他們的子女一同參與崇拜。除此之外，他們在611堂也可以體驗為主做工的感覺。他們到了四、五年級的階段就可以帶領敬拜，由較大年紀的青少年幫忙籌備一個星期的崇拜。這樣兒童從小到大可以耳濡目染地接觸到何謂為主的事工，進而能接受教會與基督教。

22 趙子蕎訪問，馮麗賢小姐訪談，二〇二二年一月二十八日視訊受訪。

23 據馮麗賢小姐。趙子蕎訪問，馮麗賢小姐訪談，二〇二二年一月二十八日視訊受訪。

24 在其他教會少有專門給兒童參與的崇拜，只有主日學讓小朋友去認識耶穌。

五、結語

６１１靈糧堂是一間十分獨特的教會，它不同於香港普羅大眾所認知的教會，特別對於以色列文化有別樹一幟的追求。其選址「貼地」，特別著重與社區的連結以接觸不同階層和年齡的人士，以擴大信眾基礎。教會內不僅有細緻的裝修為信徒營造「家」的感覺，並藉各種小組制度團結他們，於是能成功發展。

參考文獻

中文書目

《聖經》（香港：香港聖經公會，二〇一四年），和合本修訂版

網路資料

６１１小檔案，６１１靈糧堂，取自https://church611.org/611%E5%B0%8F%E6%AA%94%E6%A1%88/

聯絡我們，６１１靈糧堂，取自https://church611.org/%e8%81%af%e7%b5%a1%e6%88%91%e5%80%91/

東方宗教

導言

林皓賢、韓樂憫

與西方宗教不同，東方宗教與社區聯繫的方式不止是為都市人提供一個宗教場所，更是集合醫療、教育、慈善服務、仲裁等功能於一身。隨著香港步入現代化，各方面的功能亦有所變化，教育和醫療事務均由學校及醫院處理，部份的慈善服務也由宗教團體轄下的社區中心提供，宗教場所的功能彷彿漸漸褪去。但是，這並不代表宗教場所完全失去其價值。相反，至今仍不難在社區內找到一些廟宇，夾雜在高樓大廈之間。有些廟宇香火仍然鼎盛，在大時大節仍吸引不少人前往參拜；亦有一些廟宇置身在鬧市中間，被都市人遺忘。隨城市的急速發展，究竟這些廟宇對生活在現今的都市人來說有何意義呢？抑或是可有可無呢？另一方面，究竟這些廟宇在社區發揮的功能，如何隨時代而轉變呢？這部份的文章將會呈現在現代化的香港下，東方宗教的建築如何與社會連結。

本部分收錄七篇文章，分別是三篇華人廟宇為主題的論文、二篇道教、一篇佛教為研習主題的文章及一篇有關印度教的文章。三篇華廟主題討論的神靈：三太子、車公及天后，在善信心中最初都有驅瘟治病的能力。但隨著社會發展，三位神祇在人們心中的職能已大為不同，建築物與社區的關係變化更大。伍明笙以深水埗三太子廟為觀察對象，指出三太子最初建於深水埗有其時代需要，亦可能與當時居於深水埗一帶的客家人風俗有關，及後由於社區發展，三太子在社區功能不再，甚至被人遺忘，與社區的關係幾乎割裂。鄭穎欣以沙田車公廟為題，討論了沙田車公廟由最先的沙田九約村民的身份認同，到現在成為香港人的身份建構。伴隨車公從社區身份象徵到香港身份符號的轉變過程，是車公的功能被轉變，從信仰到習俗、從抗瘟疫到萬事通的功能轉變。車公看似更繁盛，實際上與原本的社區聯繫是弱化了。梁樂婷以油麻地天后廟為觀察點，天后雖然是華南地區的主要信仰，特別是沿海地區必定拜天后，但梁樂婷透過街坊訪問指出，天后廟表面仍然香火鼎盛，仍然吸引不少善信前來參拜，但實際上作為傳統廟宇職能已逐漸喪失，反而變成旅遊景點。三篇關於華廟的文章，透過訪問及文獻分析，不約而同指出傳統華人廟宇在面對時代變遷時的壓力，以及不論他們想不想變，他們的角色及社區關係均出現翻天覆地的變化，而且正走向下坡的。

每當談及紅磡觀音廟，便很容易聯想起觀音借庫，每逢開庫便會吸引了不少市民，甚至是海外人士前來參拜。可是，紅磡觀音廟在社區所發揮的角色不僅止於此。林雪怡先從歷史向度出發，指出紅磡觀音廟對區內人士而言，除了是一個宗教場所，更發揮著教育、慈善服務的功能，這些功能充份展現了觀音菩薩濟世為懷的特點。林氏在文章內指出，紅磡觀音廟的社會功能如何隨社會的轉變而轉化。然而，聯繫著社區的不止是社會慈善事務，林氏在文中引述一位居住紅磡多年的街坊的故事，這份街坊既沒有參與觀音借庫活動，也並非受助於紅磡觀音廟的慈惠服務，卻一直風雨不改地前往觀音廟參拜。那麼，紅磡觀音廟在她身上充當什麼角色呢？林氏在文中揭示觀音借庫及慈惠服務以外，紅磡觀音廟對街坊的意義。

王紹廷、王璇、梁穎琪選取位於朗屏的金蘭觀作為研究對象，該道觀成立已有五十多年歷史。由扶乩中獲得師尊的啟示起，金蘭觀的信徒一直致力過著簡樸的生活，並努力服務社區。由師尊的教導延伸金蘭觀的簡約建築風格、慈善服務等，一般百姓對部分市區的名道觀總會認識，因應其地理位置，香火亦自然鼎盛，多人參拜，要在現代社會生存自然不是難事。文中則透過金蘭觀，指出一個非主流的道教團體，在面對時代變遷下，如何保持自己的教義核心精神，以及貫徹自己的原則，又積極利用贈醫施藥與氣功班等服務與社區連結。

除了宗教慈善事務，宗教場所的建築及選址也是聯繫信眾的重要管道。陳晞然及李楊詮瀚集中探究慈山寺的選址、建築及地方設計等地理環境優勢，如何為都市人創造淨化心靈的空間。陳氏和李楊氏在文章中先剖析慈山寺的建築的設計理念和建築設計塑造信眾宗教經驗的重要性，繼而指出單純從設計空間來了解建築與社區的關係的限制。文章中，陳氏和李楊氏二人充分地發揮口述歷史的特點，借助受訪者在慈山寺參與活動的體驗，展示出慈山寺的設計概念如何與受訪者的經驗互相呼應和互動。

馮鑫燊以田野考察及口述歷史的方法研究位於尖沙咀的國際奎師那知覺協會（英文名簡稱 ISKCON）的廟堂。在香港成立已超過三十年的 ISKCON 雖然屬印度教傳統，信眾卻以華人居多，當然不少得非華裔的信徒，不同種族的信徒聚首在廟堂內參與靈性聚會，廟堂亦成為了凝聚信徒的重要空間。馮氏的文章不但記錄他從考察及訪問中的所見所聞，他更指出 ISKCON 信徒與社區之間的互動並不止停留在廟堂內，更會走進社區。除了定期舉辦靈性聚會外，ISKCON 信徒還會到香港不同地方設置街站，積極地向香港人宣傳印度教文化及信仰。

昔覓那吒驅鼠瘟，今彼失落在埗中
——深水埗三太子廟與社區關係新探

伍明笙

一、引言

漫步至深水埗汝州街，有座紅磚綠瓦的廟宇，在新廈舊舖間顯得特別惹眼，往裡看只看到廟門內供奉著一座有三個頭的黑色神像，上面吊掛著三數黃燈，香火卻只有數枝，廟門的兩側則掛著一雙對聯「驅除癘疫何神也？功德生民則祀也」。原來相傳早在百年前，人們為求驅除瘟疫，恭請神明出巡，便在深水埗興建一座廟宇，供奉廣為人熟悉的「三太子」——哪吒。從廟宇的興建可以看到當時哪吒與深水埗社區居民有著密不可分的關係，因為廟宇鑲嵌在社區關係中，是由社區網絡築建而成，亦即是廟宇與社區的聯繫是源自人們的生活和思想，正如《文化論》所指「任何形式的宗教都是適應和牛根於個人及社區的基本需要」。[1]

1　（英）B. Malinowski 著，費孝通譯：《文化論》（上海：商務印書館，一九四六），頁五十八至六十一。

然而，空間不是自有永有，而是歷經不斷建造、生產、重建、再生產的過程和結果。歷經百年的轉變，社會轉型變遷，深水埗社區已面貌一新，時移俗易，但三太子廟仍屹立在深水埗社區之中，那麼三太子廟宇與社區的關係是如昔日般密切？還是日遠日疏？本文透過口述歷史的方式訪問了三位受訪者了解深水埗歷史源流，重溯深水埗社區與三太子廟宇的關係。

二、三太子信仰的歷史源流

三太子又名「哪吒」，是自《封神演義》及《西遊記》的出現為人所知，「削骨還父，削肉還母」、「蓮華化身」[2]都是人們透過影視化對祂的了解。哪吒一直都在華南、臺灣等地為非常普及的神明，雖是佛教護法軍神「那吒」演變而成，但現在多見於道觀之中。哪吒最早被記載於四世紀末至五世紀初的華北，在北涼境內翻譯的《佛所行贊》，書中稱祂為毘沙門天（亦可譯為多聞大王）的兒子。其後七世紀末，毘沙門天的信仰十分盛行，使哪吒經常出現於與父親相關的經典作品，這固定了「太子」（毘沙門天五子中第三子）的形象，所以哪吒就被稱為「三太子」。但在《北方毘沙門天王隨軍護法儀軌》[3]指哪吒是毘沙門天兒子的說法只

2 二階堂善弘：〈哪吒太子考〉，載佛光山文教基金會主編：《當代臺灣的社會與宗教》（臺北：佛光書局，一九九六），頁二八六至二八七。

3 不空：《北方毘沙門天王隨軍護法儀軌》（臺灣，中華電子佛典協會，二〇二一）。

是訛傳，在毘沙門天密教的經典[4]中哪吒仍是個佛教護法神，可見當時對哪吒的說法眾說紛紜，但這些說法並沒有動搖哪吒的地位，後來祂更擁有獨立的神格，在《太平廣記》中曾記述在崇聖寺裡有哪吒的佛牙，這些典籍令哪吒在佛教中確立了守護神的地位。自此，有關哪吒的資料可從禪宗的文獻查閱，例如《景德傳燈錄》和《五燈會元》等。[5]十世紀以後，道教和佛教的修行者開始活躍於平民生活中，那些修行者被人稱為法師、道人，他們因祭祀和咒術的儀式簡單便利，逐漸流入於信仰者的世界中。哪吒作為佛教護法軍神，應該是在這時期寫入道教的神譜。從十三世紀以後一些通俗文學便可看到哪吒的形象由佛教轉為道教的過程，如《西遊記雜劇》描寫哪吒為一名天界神將；《哪吒三變》稱哪吒是如來殿前的善勝童子；馮夢龍、羅貫中的《三遂平妖傳》和劉璋的《斬鬼傳》，使哪吒的形象夾雜著佛、道二教的詮釋。現在廣泛流傳的《封神演義》，哪吒則成為「道教神將」，故在不少華南廟宇中，哪吒作為佛教護法神的形象大多沒落。[6]由此可見，自十世紀後哪吒在大眾心目中身世不明，人們對祂的詮釋各有不同，到十三世紀後，人們普遍接受哪吒「削骨還父，削肉還母」、「蓮華化身」的形

4 不空：《北方毘沙門天王隨軍護法儀軌》（臺灣，中華電子佛典協會，二〇二一）。

5 二階堂善弘：〈哪吒太子考〉，載佛光山文教基金會主編：《當代臺灣的社會與宗教》，頁二八八至二九〇。

6 二階堂善弘：〈哪吒太子考〉，載佛光山文教基金會主編：《當代臺灣的社會與宗教》，頁二九一至二九六、三〇二。

象，[7]這種形象建立得力於文學作品的傳播。直至現代，哪吒更成為影視作品的題材，如動畫《哪吒之魔童降世》更使哪吒在現今社會成為家喻戶曉、男女老幼皆知的神話人物。

香港本身的哪吒信仰風氣並不濃厚，現存僅有的一座哪吒廟為深水埗汝州街的三太子廟。故香港的哪吒信仰，只能在深水埗汝州街的三太子廟體現出來。此廟宇緣於十九世紀末的一場大疫症。一八五五年大清帝國雲南省發生的大型鼠疫，疫情爆發後地方政府無力根治，一年後更有由杜文秀帶領起事，間接帶來鼠疫第三次全球大流行，[8]當時的雲南居民紛紛逃亡至兩廣，不幸地在一八九四年雲南鼠疫在廣東爆發，由於當時中港邊界亦不嚴謹，中港兩地人口流動頻繁容易，故鼠疫從廣州府全城蔓延至香港，疫情最為嚴重的太平街（當時的太平街正是由英國管治的地方），剛好位於深水埗碼頭的正南方，本文推斷當時居民為了逃離疫區，乘船北上到深水埗的碼頭並返回中國大陸，或是海上的隔離船等，將疫情擴散至對岸的深水埗，因而深水埗的客家居民就從惠陽恭迎三太子神像到港出巡，驅除瘟疫。瘟疫過後（即一八九八年清朝光緒二十四年），當地居民在九龍深水埗汝州街一九六號，鄰近紅磚綠瓦和繁華鬧市的北河

7 Christiana Mui Bing Cheung (2009). *In Search of folk Humour: The Rebellious Cult of Nezha.* Hong Kong: Asiapac Book Pte.Ltd., pp.21.

8 王樹槐：《咸同雲南回民事變》（臺北：中央研究院近代史研究所，一九六八）；錢漢江〈鮮為人知的杜文秀起義：秀才造反捅開清廷大窟窿〉（二〇一四年八月七日），人民網，http://www.workercn.cn/1031/201408/08/140808094021500.shtml

街中央，興建一座小廟宇，以供奉哪吒，亦是香港唯一一間以哪吒為主神的廟宇，[9]後來更被評為香港二級歷史建築物。毗鄰的北帝廟在一九二〇年由深水埗的漁民集資興建，由於兩廟相連，人們將兩個神明的名字合併，故現時稱此地為「三太子廟及北帝廟」。

三、深水埗區歷史沿革

現時深水埗是香港十八區之一，在一九八一年成立。截止至二〇二一年人口約四十二萬多人，處於九龍半島的西北部，其土地面積約一千零四十七公頃。[10]

據李鄭屋古墓之考證，遠在東漢時期，深水埗之地已有人定居。[11]秦朝南平百越後（公元前二一四年），包括深水埗的整個現時香港地區的範圍，被併入秦朝中國的版圖，由南海郡番禺縣所管轄，往後直到英國租借新界前，除了少數割據分裂時代，大部分時間此地區都為中原政權屬土。東晉時（三三一年）被列入至寶安縣；唐朝（七五七年）撥入至東莞縣；明朝中葉至清初（一六四八年）被歸於新安縣所管理。在清康熙管治時代（一六六六年），曾將此地

9 華人廟宇委員：廟宇介紹——深水埗三太子（香港：香港華人廟宇委員，二〇一九），取自http://www.ctc.org.hk/b5/directcontrol/temple14.asp

10 梁炳華：《深水埗風物志》（香港：深水埗區區議會，二〇一一），頁九。

11 饒久才：《香港地名探索》（香港：天地圖書有限公司，一九九八），頁一六六。

暫屬東莞縣治理，後歸撥於新安縣。[12]

清初因鄭成功據守臺灣，清廷認為此事會對沿海地區構成威脅，故康熙元年至八年（一六六九年）曾有遷界的措施：沿海五十里的居民皆需向內陸撤走，此措施實行後，令許多村落都家散人亡，十室九空，後更成了盜賊盤踞之地。直至復界，清廷為了吸引內地人入居於新安縣，為居民提供農具和種子，更以學額等條件讓人們到此地定居。當時生活無依無靠、窮困潦倒的客家人紛紛響應遷入到新安縣，使得香港地區包括深水埗出現了不少客家的村落。[13]

至一八四二年的《南京條約》割讓香港予英國後，九龍半島便成為中國海防的重地，在該地設深水莆汛，三十五名房兵駐守，由大鵬水師右營管轄。[14]一八六〇年的英法聯軍之役中清政府戰敗，將九龍半島界限街以南和深水埗西面的昂船州割讓予英國。深水埗租借給英國前（一八九八年前），深水埗位於英屬九龍的邊界（界限街）以外，仍屬中國新安縣。許多罪犯為逃避英國法律的管治，一度逃走至深水埗。至此深水埗為罪犯、賭徒、走私販私者提供了躲過英國法律懲治的方便之門。一八九八年，清政府被迫將九龍界限街以北至深圳河的地域租借予英國，為期九十九年，自此深水埗被劃入九龍，也稱為第四約。[15]

12 梁炳華：《北區風物志》（香港：北區區議會，一九九四），頁八。
13 深水埗區公民教育委員會：《深水步到深水埗》（香港：深水埗區公民教育委員會，二〇〇六）頁八至九。
14 見饒久才：《香港地名探索》（香港：天地圖書有限公司，一九九八），頁一五二。
15 梁炳華：《深水埗風物志》，頁十至十一。

當時深水埗主要有九龍塘、深水埗和長沙灣三個村落，以及人數較少的村落，人口只有大約二千人，人們主要以務農、畜牧、捕魚、航運及打工為生。深水埗是當時最大的村落，也是當時的市集。早期因近大角咀附近有一個水位頗深的石岸，並興建碼頭，此碼頭正位於現今的北河街與通州街的交界。這也是為何深水埗在舊時稱為「深水埔」或「深水步」的原因。[16]「步」或「埔」是標音字，源至嶺南原居民的壯侗語，其意是碼頭和水邊停泊船隻之地，後來也指近水之地。[17]

四、三太子與深水埗社區的關係

深水埗三太子廟的興建緣於一八五五年大清帝國雲南省的大型鼠疫，地方政府無力對治，一年後，雲南巡撫與士紳屠殺鎮壓曾與漢人發生衝突的穆斯林，接著穆斯林的精英杜文秀帶領

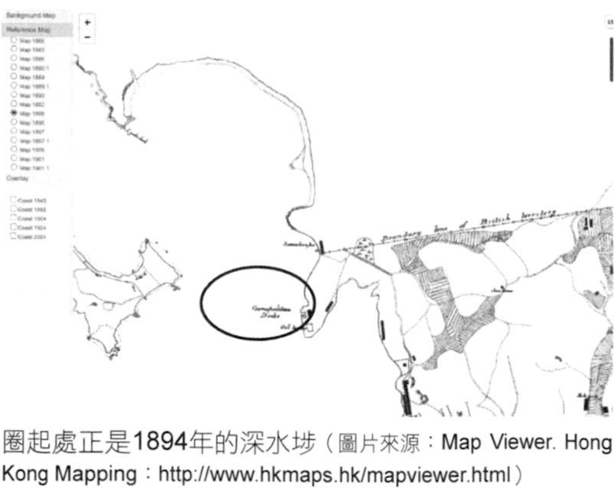

圈起處正是1894年的深水埗（圖片來源：Map Viewer. Hong Kong Mapping：http://www.hkmaps.hk/mapviewer.html）

16 梁炳華：《深水埗風物志》，頁十。

17 「吳處厚：《青箱雜記》，嶺南謂津為步。」見饒久才：《香港地名探索》，頁一六六。

起義，維時長達十六年，[18]最終服毒自殺。雖然後來他被中華民國視為「革命英雄」，[19]但起義間接為中國帶來「鼠疫第三次全球大流行」[20]。當時雲南天災人禍，當地居民紛紛出逃兩廣。一八九四年鼠疫在廣東爆發，繼而周邊蔓延，最終香港也難逃一劫，瞬間變成疫埠。當時香港作為東亞航運的中心，在短短數年間令鼠疫散布至全球，單在亞洲已有千萬人的死亡個案。[21]

一八九四年五月，已有四十多名的華人死於鼠疫，據《申報》於一八九四年五月五日的報導：「香港華人近得一病，時時身上發腫，不日即斃。其病初起於粵省及北海，近始蔓延而

18 孔德維：〈功德生民則祀之：華人學術語境中的「政教分離」論述〉，《二十一世紀》第一八三期（二〇二一年二月），頁一二二至一三四。

19 何慧青：〈雲南杜文秀建國十八年之始末〉，《逸經》第十三期（一九三六年），頁十五。

20 王樹槐：《咸同雲南回民事變》（臺北：中央研究院近代史研究所，一九六八）；錢漢江〈鮮為人知的杜文秀起義：秀才造反捅開清廷大窟窿〉（二〇一四年八月七日），人民網，http://www.workercn.cn/1031/201408/08/140808094021500.shtml，檢視日期：二〇二〇年十二月十日。

21 據歐洲公共衛生學校組織（Association of Schools of Public Health）於一九一〇年代發表的報告，一八九五至一九〇一年香港鼠疫造成的死亡人數為六千三百八十七人，參見*Public Health Reports* (1896-1970). Vol.21, No. 24 (Jun. 15,1906)., pp. 655-656. Association of Schools of Public Health. 參見楊祥銀：〈公共衛生與一八九四年香港鼠疫研究〉，《華中師範大學學報（人文社會科學版）》，二〇一〇年第四期，頁六十八至七十五。

至，每日病者約三十人，死至十七八人」，[22] 病者大多數來自上環的太平山街。[23] 當時的代理香港總督威廉・羅便臣（Sir William Bobinsion）宣佈香港為鼠疫的疫埠，為阻止疫病蔓延，政府強制將鼠疫患者隔離治療，規定鼠疫死者的屍體須交由政府處理，更將醫院船「海之家」從昂船州移至西環對開海面作專門醫院、東華醫院接收患者、在堅尼地城警署建臨時醫院。當時的香港是一個華人社會，無疑與英國人存在很大的文化差異，同時英國當局在香港實行的防疫方式，如頒佈防疫章程、治送患者、隔離有可能染病之人、處理屍體甚至強行到民居清潔和消毒，執行時都是採取強勢的手段，故當時的華人對於這些措施十分抗拒，對港英政府防疫制度抱著懷疑的態度。加之歐美的醫療體系在當時未普及於華人群體，所以他們既不相信西醫，亦不理解防疫方法，也不願合作。因此，當港英政府決定將疫病傳染最為嚴重的太平山街一帶，以緊急條例收回土地，把七千名居民全部遷出時，華人除了對此措施不滿外，大多數患病的華人都拒絕治療，死者亦被棄置市內。[24] 另一邊廂，一些華人透過東華醫院等多個機構向政府要求准許病患者離港返回大清帝國治療，[25] 亦有人提出政府應尊重華人風俗，以華人的

22 冼維遜：《鼠疫流行史》（廣東：廣東省衛生防疫站，一九八九），頁二〇三。
23 羅婉嫻：《香港西醫發展史（1842-1990）》（香港：中華書局，二〇一八），頁九十七。
24 孔德維：〈功德生民則祀之：華人學術語境中的「政教分離」論述〉，頁一三二。
25 當時更有傳言指華人為保衛太平山街的業權準備在廣府襲擊英國公民，威廉・羅便臣便向兩廣總督李瀚章要求保護兩廣外國群體，參見羅婉嫻：《香港西醫發展史（1842-1990）》，頁一〇七至一八〇。

手法來應對，[26]但代理總督威廉・羅便臣不願接納這「委曲從俗」的建議，反而越形強勢執行治疫，當中只作少許微調，如在堅尼地城的玻璃廠中設立臨時隔離醫院，由東華醫院管理並以中國的醫療方式治療華人，這已是一定的讓步。可是醫院的衛生情況和治療手段都是十分惡劣，[27]當時的患者也越來越多，威廉・羅便臣只好將玻璃廠的臨時隔離醫院關閉，安排大部分華人到廣州治療。[28]從該年的五月至六月期間，華人大量離港前往中國大陸暫避，至六月底已有八萬人離港，佔當時香港人口的三分之一。[29]當時同為疫區，身處於水深火熱的廣州，

26 「一八九四年迄今，未有妥善之法以治疫，一切辦法徒使華人反抗耳。政府欲華人不潛逃不棄屍，又欲知患疫之確數，自當委曲從俗，准其在家醫理，並准其留家人三名以服侍病者。當病者移送醫廠時，強制於軟轎中，便其家人見之，驚心動魄。無怪華人有病，即逃出港外，死後即棄屍道旁也」，參見楊思賢：《香港滄桑》（北京：中國友誼出版公司，一九八六），頁一五〇。

27 「我們首先參觀了舊的玻璃廠醫院，但是因為所有的病人已經被轉移，沒甚麼可看的，我們只能想像發生在這裡的一切殘酷的場景，活人與死人都躺在一起。隨後我們去了屠宰場醫院，這也是臨時改建的鼠疫醫院。我推開一扇門然後進入一個小房間，在那裡我們看到四個病人。這些病人都表現出非常痛苦的樣子……男人、女人和兒童都躺在污穢不堪的地方，很顯然沒有人讓他們保持清潔，或者得到他們希望獲得的幫助」，參見*Hong Kong Telegraph.20* June 1894.轉引自楊祥銀：《殖民權力與醫療空間：香港東華三院中西醫服務變遷（1894-1941年）》（北京：社會科學文獻出版社，二〇一八），頁四十三。

28 Carol Benedict (1996), *Bubonic Plague in Nineteenth-century China*. Stanford, CA: Stanford University Press, pp.47-70.

29 Charles Gregg, Plague (1985), *An Ancient Disease in the Twentieth Century*, Albuquerque: University of New Mexico Press, pp.21-22.

各級官員按中國宗教的傳統往廟宇祈福，當地市民則「昕夕舁神像出遊，焚壇香放爆竹以辟疫氣」[30]。從此點大約可見，深水埗客家居民的祭祀，應與廣府官員的行為互為呼應。

為何會「請」三太子？

香港發生瘟疫後，人人自危，人們不相信港英政府，又學識淺薄，故將問題歸咎於妖魔怪作祟。在明朝許仲琳、陸西星著的《封神演義》第五十八回，正正寫道哪吒能免於瘟疫的威脅，[31]《封神演義》描述瘟神呂岳原是九龍島鍊氣士，後來被姜子牙封為主瘟癀昊天大帝之職。呂岳助商紂王對付周武王陣營的姜子牙，呂岳命四個弟子天黑後，每人拿一葫蘆瘟丹，藉五行遁進西岐城（周武王的根據地）播疫。呂岳也同時把瘟丹往城中東南西北方向灑去，把致病的丹藥灑到西岐的井泉河道之中，凡飲水的都會染疾。不到兩天，西岐全城人都中了瘟疫，

30 羅婉嫻：《香港西醫發展史（1842-1990）》，頁一〇八；〈西人言的疫〉，《申報》，第七五六七號（一八九四年五月十七日）；"Hong Kong: Original Correspondence", CO129/265 (10 August 1894), 221-36。

31 明清時期是小說史上的繁榮時期，起初在魏晉南北朝時期的小說初具規模，後元末明初章回小說的興盛影響、甚至取代了大眾對歷史人物的舊有形象，就例如《三國演義》的作者羅貫中從奸雄文化人格的整體來塑造的曹操的印象，雖造就了曹操超高的知名度，但亦讓大眾誤讀了曹操，歷史上真實的曹操不是所謂的奸詐之人，而是一個英雄，集政治家、軍事家、文學家於一身。

哪吒的身軀是由蓮花和荷葉化成的，並非一般的凡人肉身，沒有絲毫的影響，[32]從此三太子能驅除瘟疫的職能和形象深入民心，故深水埗當地客家籍的居民便到家鄉廣東惠陽縣恭迎三太子神像到港出巡，「請」三太子驅疫，並建此廟。直到疫症消除，一八九八年客家籍居民便集資在當地建廟祭祀，故門前有一句對聯「驅除癘疫何神也？功德生民則祀之」。

至於為何在深水埗突然建廟，本文推斷當時的深水埗為大清土地，是太平山區北方的對岸，人們為了逃離疫區，須北上至內地，而深水埗的碼頭正是人們的中途站（如下圖所示），深水埗客家居民恐防疫情加劇，擴散至深水埗，乃從家鄉廣東惠陽縣恭迎三太子神像到港出巡，「請」三太子驅疫。

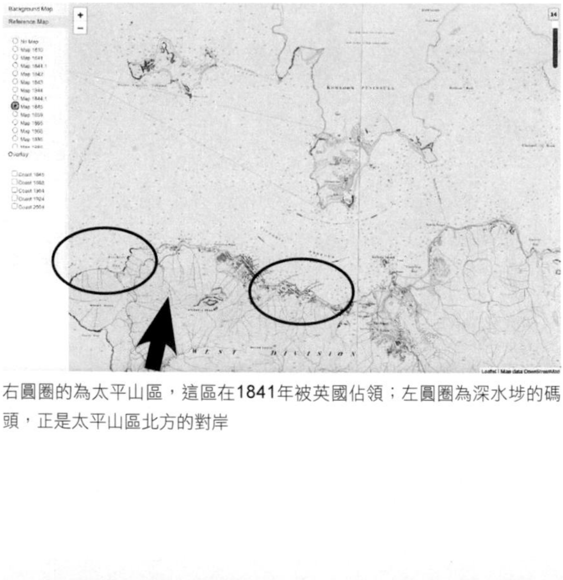

右圓圈的為太平山區，這區在1841年被英國佔領；左圓圈為深水埗的碼頭，正是太平山區北方的對岸

32 徐佩君：〈歷史篆印：抗疫功神《封神演義》中的哪吒與楊任〉，《文路》香港傳奇（二〇二〇年八月），頁二十至二十三。

①④　② ⑤　③ ⑥

① 深水埗三太子廟廟誌
② 與三太子廟合併的北帝廟北帝神像
③ 北帝廟的狀元榜
④ 北帝廟的狀元筆
⑤ 深水埗三太子廟三太子像
⑥ 深水埗三太子廟門前

五、深水埗社區與三太子廟的變遷

（一）深水埗三太子廟在地圖上的變化

現時三太子廟的位置，筆者從舊時的地圖裡發現，自一九七五年起三太子廟的位置才首次被標記出來，但只是一個長方形的黑點，但相反地教堂卻有用其標誌性的圖案顯示，估計因為當時仍是由英人管治，對華廟漠不關心，故沒有標明三太子廟。

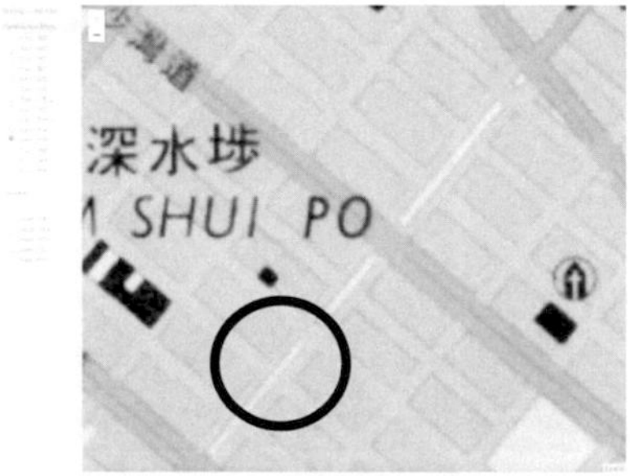

1975年深水埗首次被標記出來

圓圈處，便是當時1985年三太子廟的位置

（二）深水埗社區變遷

為深入了解深水埗區的演變，本文有幸訪問了三位受訪者，其中兩位為深水埗的街坊（葉先生與鄧小姐），[33]已居住超過十多年，另外一位為區外（油麻地）居民的王小姐是閩南人，有時會到三太子廟宇拜祭神明，以深入了解現時深水埗社區的轉變，以及三太子廟宇與社區之間的關係。

深水埗是港英政府在一八九八年以前，即仍未租借新界時的「邊境地帶」，是當時英屬管治區（港島與九龍）與清朝管治區的接壤交界，亦是後來英國管治深圳河以南後，人們從市區前往新界的中途轉駁站。一九二〇年代部分商家在市區附近建廠，發展工業的生產基地，從而令深水埗成為新移民找工作和居住的社區。

深水埗區一直令人覺得「很窮」的感覺，截至二〇二二年，深水埗區的家庭入息中位數仍是全港的榜尾，[34]但同時深水埗區是一個價廉物美的地方。除公屋外，深水埗區的套房和板

---

33 一位為葉先生，現時是一名學生，自小學三年級就居住在深水埗；一位為鄧小姐，在深水埗土生土長，現在是一位老師。

34 嚴浩文：〈統計處公布十八區家庭收入中位數　全港住戶平均月入二・七五萬　較前年增加五百元〉（二〇二二年四月二十二日），iM智富網，https://inews.hket.com/article/3235637/【家庭入息】統計處公布十八區家庭收入中位數　全港住戶平均月入2.75萬　較前年增加五百元，檢視日期：二〇二二年九月二十一日。

間房月租四千元已有交易。是一個「廉價生活區」[35]，也是一個便利的社區。正如鄧小姐和葉先生所言「覺得以前深水埗區富有人情味，主要是一些老香港的情懷。當時的鴨寮街是賣二手物件，是一條很有人情味的街道，途經這條街時，街坊都會打招呼，左鄰右社都會認得彼此，甚至知道大家姓甚名誰。以前（深水埗區）同一條街會有『前舖後居』的情況，全都是舊舖，沒有規劃一個明顯的市中心，因為有『車仔檔』、地舖等，形成一個個分散主題的小區，是一個包羅萬有的社區」[36]。

一九八〇、一九九〇年代深水埗更是製衣材料批發集中地，是外國買家採購輔料、鈕扣、花飾的熱點之一。[37]深水埗的基隆街主要賣鈕扣、拉鏈等製衣配件；大南街主要售賣皮革；汝州街又名「珠仔街」（正正是三太子廟的那條街），專門售賣「珠仔」和縫紉配件。時移世易，八十年代香港製衣業漸衰落，不少製衣批發商亦遭時代淘汰。在二〇〇七年七月一日，香港特別行政區第三屆政府就職，當天成立的發展局，秉承行政長官曾蔭權的「進步發展觀」，推出了「活化歷史建築伙伴計劃」，其中深水埗就是計劃中其中一個發展項目。[38]

35 鄭敏華、周穎欣、林綺雯：《深水埗故事》（香港：思網絡有限公司，二〇一〇），頁十至十一。

36 伍明笙筆錄：《深水埗三太子廟訪談文字稿》（二〇二二年三月六日，訪問於Zoom meeting）。

37 香港紡織商會：〈革新紡服氛圍　深水埗打造港版「東大門」如箭在弦〉，《香港紡織報》第一四四期（二〇二〇年十二月十四日），頁一。

38 計劃將深水埗多棟歷史建築物進行多項改建工程，並活化成支援本地創意藝術發展與青年背包客的建設，隨著製衣工廠的北移，這個賣製衣材料的集中地式微，以致有空舖騰出，與此同時，咖啡店、小型書店、畫廊、概念店舖和設計工作室等文創店如雨後春筍般於深水埗的基隆街和大南街出現，一下子改變了社區的生態。大南街和基隆街一向有不少街邊攤檔，而現時在綠色的鐵皮攤檔之間摻雜著以黑、白、灰色調為設計的文青店，兩者形成強烈的對比：深水埗一向予人售賣各種布料、鈕扣、珠片、地攤、電子零件等廉價舊物的印象，與文青小店售賣的昂貴古玩、精緻的咖啡、製作皮革店、自製肥皂店顯得格格不入。鄧小姐更直言「很諷刺的是文青小店的樓上正是貧困人士所居住的劏房，當人們在精緻的咖啡店裡買將近五十元一杯的咖啡，寫意地享受時，樓上的人卻居住著只有幾十平方呎的惡劣居住環境」。

當中包括建於一九六〇年，為西方新古典式多層建築的北九龍裁判法院，於二〇〇九年活化成薩凡納藝術設計大學（香港）；於一九七七年建成的石硤尾工廠大廈，在二〇〇八年翻新完成後，成為賽馬會創意藝術中心；早於一九五四年建成，屬香港最早期、碩果僅存的「H」形亦曾徙置大廈美荷樓，於二〇一三年改建成青年旅舍。其「活化計劃」的項目，公開讓非牟利團體申請，用作發展社會企業。參見鄭敏華、周穎欣、林綺雯：《深水埗故事》，頁十。

三太子廟附近的大南街

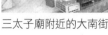

而汝州街亦受到附近基隆街和大南街的影響，由以前全條街都是售賣「珠仔」和縫紉配件，到現在全是食市，例如食肉骨茶馬來西亞的食舖、茶餐廳等，正如葉先生所說「特別在找心儀的餐廳時，才會想到去汝州街，因為汝州街都是食市」，從而可知現時的三太子廟正處於繁華的食市當中，那麼當地的街坊會否到三太子廟拜祭？還是視若無物？

（三）三太子廟地位上的轉變

「人類的文化概念或社會群體反而是透過人與物的互動不斷重新被建構」[39]，如今與當年的鼠疫相隔一百多年，隨著社會迅速的發展，深水埗的範圍愈來愈大，社區經濟發展日益蓬勃、興盛，三太子廟的地位重新被「建構」起來，地位日益衰落，甚至是無人問津。

舊時人們為了驅除瘟疫會到三太子廟拜祭神明，祈求得到神明保佑，但如今瘟疫已驅除，醫療系統完善，人們教育水平上升，三太子廟便失去了原有的功能，如同《神聖的帷幕》所指「只當自然災害、戰爭、或社會動盪發生後，宗教信仰就會出現，給予心靈上的安慰和支持」[40]。就像筆者在訪問中提及三太子廟的功能，受訪者們（葉先生和鄧小姐）一概不知，提

39 （英）Daniel miller著，費文明、朱曉寧譯：《物質文化與大眾消費》（江蘇：江蘇美術出版社，二〇一〇），頁七十六。

40 （美）Peter L. Berger著，蕭羨一譯：《神聖的帷幕》（臺灣：商周出版，二〇〇三），頁五十四至

及廟宇的所在位置時，才發現自己經常途經汝州街三太子廟，但從不知道這座廟宇便是供奉著三太子，就如葉先生所言：「我途經過三太子的廟宇時，不會特意入去廟宇內，所以不知道廟內的環境」[41]；鄧小姐也指出：「不會特意去，都是路過，因為去地鐵站的時候會到汝州街，所以會路過深水埗三太子廟」[42]，即使他們多次途經，都沒有入到廟內參觀，或許是宗教信仰的原因，或許是存在感低引致，甚至是三太子廟已失去了原有的宗教功能，如同葉先生所言，途經三太子廟時，感覺裡面「對自己而言是沒有任何意義的，加之自己是基督教，所以不會到廟內參觀。」

除了不再有人供奉外，更唏噓的是，不論是當地街坊，還是區外的居民，他們到三太子廟的目的都不是供奉三太子，甚至以為廟宇內是只供奉北帝，據鄧小姐所憶述小時候（小學）入過三太子及北帝廟，當時只拜文昌，最印象深刻的是裡面一枝巨型的文昌筆。而區外的居民王小姐亦坦言自己到三太子廟大多數都是拜廟內的財神和毗鄰的北帝廟的文昌，考試季、見工前後會拜文昌，賭錢新年借錢會拜財神，從而可見三太子隨著社會發展下被人們逐漸遺忘，已失去了原有的宗教功能。

五十六。

41 伍明笙筆錄：《深水埗三太子廟訪談文字稿》（二〇二二年三月六日，訪問於 Zoom meeting）。

42 伍明笙筆錄：《深水埗三太子廟訪談文字稿》（二〇二二年三月六日，訪問於 Zoom meeting）。

雖然汝州街的三太子廟只是一隅之地，但麻雀雖小五臟俱全，裡面藏有一些自晚清而來百年文物，如刻有「光緒」字樣的鐘和鼓等，具歷史價值。廟宇與社區之間需要人們聯繫，這座廟宇興建的意義在於幫助人們驅除瘟疫，為人們提供心靈上的安慰和支持，可是如今醫療系統完善，人們教育水平上升，面對疫症、病患不再需要依靠宗教信仰，三太子廟便形同虛設，深水埗街坊只知道這是一座建築物，對他們來說是毫無感情和意義。

六、結語

深水埗三太子廟一直座落在繁華鬧市中，曾是人們祈求在瘟疫得到神明庇佑，提供心靈上支持的地方，可隨著社區轉型、醫療系統完善、人們知識水平提升，三太子廟的宗教功能已被取代，甚或是失去了其社區地位。廟宇是凝聚社區力量的一個地方，可能以前有事相求會到廟宇求神問卜，現在三太子廟卻失去原有的功能，如今它屹立在深水埗社區之中，可說是如同一個吉祥物般。引用鄧小姐所說的話，深水埗與三太子廟就是環環相扣、密不可分的關係，三太子廟的存在會令深水埗這區居民所認識的深水埗更具特色，因為深水埗是一個包羅萬有的地方，若果拆掉會令這區缺少了一些元素，變成單一色彩，與鴨寮街和大南街單一的住宅區無異，令深水埗區黯然失色。現時三太子廟仍鑲嵌或存在於社區之中，這代表著祂作為神明的精神：雖然被人們遺忘，但也不離不棄，一直伴隨深水埗區的街坊。縱然失落在埗中，仍舊守望著此區街坊鄰舍。

參考文獻

中文書目

（美）Peter L. Berger著，蕭羨一譯：《神聖的帷幕》（臺灣：商周出版，二〇〇三）。

（英）B. Malinowski著，費孝通譯：《文化論》（上海：商務印書館，一九四六）。

（英）Daniel miller著，費文明、朱曉寧譯：《物質文化與大眾消費》（江蘇：江蘇美術出版社，二〇一〇）。

二階堂善弘：〈哪吒太子考〉，載佛光山文教基金會主編：《當代臺灣的社會與宗教》（臺北：佛光書局，一九九六）。

不空：《北方毘沙門天王隨軍護法儀軌》（臺灣，中華電子佛典協會，二〇二二）。

冼維遜：《鼠疫流行史》（廣東：廣東省衛生防疫站，一九八九）。

梁炳華：《北區風物志》（香港：北區區議會，一九九四）。

梁炳華：《深水埗風物志》（香港：深水埗區區議會，二〇一一）。

深水埗區公民教育委員會：《深水步到深水埗》（香港：深水埗區公民教育委員會，二〇〇六）。

楊思賢：《香港滄桑》（北京：中國友誼出版公司，一九八六）。

楊祥銀：《殖民權力與醫療空間：香港東華三院中西醫服務變遷（1894-1941年）》（北京：社會科學文獻出版社，二〇一八）。

鄭敏華、周穎欣、林綺雯：《深水埗故事》（香港：思網絡有限公司，二〇一〇）。

羅婉嫻：《香港西醫發展史（1842-1990）》（香港：中華書局，二〇一八）。

饒久才：《香港地名探索》（香港：天地圖書有限公司，一九九八）。

英文書目

Carol Benedict (1996), *Bubonic Plague in Nineteenth-century China.* Stanford, CA: Stanford University Press.

Charles Gregg, Plague (1985), *An Ancient Disease in the Twentieth Century*, Albuquerque: University of New Mexico Press.

Christiana Mui Bing Cheung (2009), *In Search of folk Humour: The Rebellious Cult of Nezha.*Hong Kong: Asiapac Book Pte.Ltd.

期刊論文

孔德維：〈功德生民則祀之：華人學術語境中的「政教分離」論述〉，《二十一世紀》第一八三期（二〇二一年二月），頁一二二至一三四。

何慧青：〈雲南杜文秀建國十八年之始末〉，《逸經》第十三期（一九三六年），頁十五。

香港紡織商會：〈革新紡服氛圍　深水埗打造港版「東大門」如箭在弦〉，《香港紡織報》第一四四期（二〇二〇年十二月十四日），頁一。

徐佩君：〈歷史築印：抗疫功神《封神演義》中的哪吒與楊任〉，《文路》香港傳奇（二〇二〇年八月），頁二十至二十三。

楊祥銀：〈公共衛生與一八九四年香港鼠疫研究〉，《華中師範大學學報（人文社會科學版）》，二〇一〇年第四期，頁六十八至七十五。

網路資料

王樹槐：《咸同雲南回民事變》（臺北：中央研究院近代史研究所，一九六八）。

錢漢江〈鮮為人知的杜文秀起義：秀才造反捅開清廷大窟窿〉（二〇一四年八月七日），人民網：http://www.workercn.cn/1031/201408/08/140808094021500.shtml。

華人廟宇委員：廟宇介紹——深水埗三太子（香港：香港華人廟宇委員，二〇一九），取自http://www.ctc.org.hk/b5/directcontrol/temple14.asp。

嚴浩文：〈統計處公布十八家庭收入中位數　全港住戶平均月入二・七五萬　較前年增加五百元〉（二〇二二年四月二十二日），iM智富網，https://inews.hket.com/article/3235637/【家庭入息】統計處公布十八區家庭收入中位數　全港住戶平均月入二・七五萬　較前年增加五百元。

威武車公鎮瘟疫，今在滙源恩澤港
——沙田車公廟在九約村民身份建構的位置

鄭穎欣

一、前言

車公，被稱為車大元帥。[1]傳說為南宋人，是楊侯下屬，曾殿後護送宋帝南下，其英勇行為被人所推崇，故奉其為神明，立廟供奉。[2]車公被稱為瘟疫之神，信仰崇拜地域狹小，集中在新界，當中以沙田車公廟最為有名。現時供公眾參拜的車公廟新廟於一九九四年建成，而古廟則是二級歷史建築，平常不供公眾內進參拜。不論在新廟還是古廟，其正門皆有「車轉普天下般般醜心變好，公扶九約內事事改禍為祥」。當中的「九約」指的正是沙田的圍村鄉約聯盟

1 車公為元帥一事並無史料印證，車公的真實身份存疑。

2 周樹佳：《香港諸神：起源、廟宇與崇拜》（香港：中華書局（香港）有限公司，二〇二一年），頁一五八。

——沙田九約。由對聯上可見，車公廟與沙田九約社區相關。沙田車公廟古廟相傳建於明末，建立年份不可考，其建廟的緣由亦眾說紛紜，但所有版本皆與沙田九約（中的圍村）有關。

「沙田九約」是瀝源附近圍村的聯盟，是由九個鄉約組織合組成的大鄉約組織。九約有兩項重大的合辦活動：車公誕及太平清醮，兩個活動相傳亦與車公有關。那麼，沙田車公廟這座宗教建築在九約村民的身分建構中到底擔當著怎樣的角色呢？而隨著沙田成為了全港人口最多的區域，沙田不再只有原住民，那車公廟在於沙田、在於香港有什麼位置的轉變？在新生代的九約村民心中，車公及車公廟又是怎樣的面貌呢？為了嘗試解決這些疑問，本文透過整合史料、實地考察及深入訪談，分析沙田車公廟在九約村民身份建構的位置及其位置的轉變。

二、從瀝源到沙田：車公廟的建廟傳說

沙田的古稱為「瀝源」，根據沙田韋氏族譜的記載，在明代時，韋氏始祖於弘治元年（一四八八）遷居至瀝源鄉，[3]而瀝源第一條圍村「積存圍」則於萬曆二年正月二十日（一五七四年二月十一日）由韋氏及陳、唐、吳、許、蔡、袁、李、楊、黃等氏族共同建

[3] 中文大學資料庫：〈韋氏族譜〉。取自https://hkhiso.itsc.cuhk.edu.hk/history/node/658，日期不詳，14-4-2022擷取。

立。[4]有村才有廟，根據上述文字推論，車公古廟最早於明末建立。但在《【嘉慶】新安縣志》卷四〈山水略・山〉中才第一次提到「神山在縣東九十里瀝源村下有車公古廟」，可見車公古廟的確實建立年份並不可考。

儘管建立年份不可考，但緣起則眾說紛紜。根據車公廟的碑文，明末崇禎年間瀝源瘟疫肆虐，故請來西貢車公希望其顯靈為民止災，後因瘟疫很快停止，為了感謝車公，瀝源的村民遂決定建廟供奉。另有學者認為，田心村建村時，堪輿大師發覺村前有三河流匯合於此，宜建一廟宇座鎮水口，於是村民便集資建廟供奉車大元帥。[5]此外還有一些細節不同的版本，如沙田車公廟供奉的並不是車公本人，而是車公之孫等，雖然各版本細節不同，但是主要分為「瘟疫說」和「田心村建村說」兩種。

根據沙田圍村村民謝子健先生的說法，他從小聽到的是「瘟疫說」版本，但卻和車公廟的碑文上的說法有些許差別。除了不確定確實建立年份，他指出西貢蠔涌車公廟並沒有借出車公，只是借出了車公之孫，在瘟疫消除後村民建廟以酬謝神恩。故此，現時在車公廟供奉的

4　蔡兆浚，香港地方志中心：〈沙田地名初探〉。〈https://www.hkchronicles.org.hk/香港志/附錄/沙田地名初探〉（二〇二二年四月十四日瀏覽）。

5　危丁明：《仙蹤佛跡：香港民間信仰百年》（香港：三聯書店有限公司），頁十九。

車公是車公之孫。[6]可見，官方、學者、民間對車公廟的緣起皆有不同的說法。「瘟疫說」和「建村說」是最多人相信的兩個建廟傳說，但兩個看似衝突的傳說並沒有為沙田居民帶來紛爭。縱使一九三六年田心村與九約就車公廟業權有所紛爭，[7]但他們爭權的原因並不在於建廟的人是誰——而是田心村認為車公廟離自己村較近，所以覺得是自己村的；加上車公廟是一個香火鼎盛的地方，故可能有利益上的衝突。[8]而在爭議發生後，為了不傷村與村間的和氣，當地居民決定把車公廟交給華人廟宇委員會管理。[9]

由此可見，車公廟是否由九約管理，對三〇年代以後的九約村民身份建構的作用很少，而車公廟多版本的建廟緣起對現在的九約村民身份建構的作用則更少。相反，從這兩件事件中亦可看到九約各村的團結。

縱使車公廟的建廟緣起有著不同的傳說，但正因從前九約村民相信拜車公會保佑他們遠離瘟疫、風調雨順，故車公廟存在於此。在沙田車公廟古廟的《重修車公廟碑記》（一八九〇年）中，沙田在光緒年間仍然被稱作瀝源。古廟於光緒十六年（一八九〇年）由九約各村的村

6 鄭穎欣訪問，謝子健先生訪談，二〇二二年二月十四日於謝氏宗祠受訪。
7 危丁明：《仙蹤佛跡：香港民間信仰百年》，頁二十。
8 鄭穎欣訪問，謝子健先生訪談，二〇二二年二月十四日於謝氏宗祠受訪。
9 危丁明：《仙蹤佛跡：香港民間信仰百年》，頁二十。

①③
②

① 與受訪者謝先生合影
② 古廟門前的對聯
③ 車公廟的碑文

民合資重修，當中捐錢最多的是曾大屋村的建村人曾貫萬。[10]此外重修後古廟對聯為「車轉普天下般般醜心變好，公扶九約內事事改禍為祥」。可見車公古廟在光緒前後是被所有九約居民供奉，是九約的連結紐帶之一。

10 科大衛、陸鴻基、吳倫霓霞：《香港碑銘匯編》（香港：香港市政局，一九八六年），頁二三二至二三八。

三、從九約到鄉事委員會：車公廟是沙田的歷史見證

追溯於沙田建圍村的歷史，大約始於明朝。最早應是「積存圍」，在其之後，更多不同的氏族遷入今天的沙田一帶興建圍村。當時的新界，各鄉為了團結鄉內各村，會組成大小不一的聯盟，這些聯盟被稱為「鄉約」。鄉約是鄉村根據其地緣或血緣所組成的聯盟組織，他們的形式、性質、功能不盡相同，但大部份皆與鄉村的禮俗教化及社會治安事情有關。[11] 除了以地緣或血緣所組成的鄉約，更有一些由數個鄉約組成的大型鄉約，而沙田的九個鄉約[12]則組成了「沙田九約」。

在十九世紀末，新界的鄉村皆由地方自治組織管理，一些勢力較弱的鄉村會組成鄉村聯盟（鄉約）作為自治組織，而境內主廟則會成為集會場所，基本只作管理墟市及籌辦宗教慶典；在踏入十九世紀後，鄉約不但開始村代表制，更開始在非正式集會中討論區內事務。[13] 當時

11 朱鴻林：〈二十世紀的明清鄉約研究〉，《歷史人類學學刊》第二卷第一期（二〇〇四年）：一七五至一七六。

12 九約分別為大圍約、田心約、徑口約、隔田約、排頭約、火炭約、沙田頭約、沙田圍約、小瀝源約。

13 蕭國健：〈香港新界鄉事組織〉，《探本索微：香港早期歷史論集》（香港：中華書局香港有限公司，二〇一五年十一月），頁二一四至二一五。

九約聯盟正是沙田的自治管理組織，而車公廟正是區內唯一由九約集資合建的神廟，故「九約」會選在車公廟內集會，以討論區務及籌辦各項活動。二戰前，車公廟亦是沙田地區「太平清醮」的緣起、及與九約互相交流的平臺，是當地居民建構「九約一份子」這身份的重要場所。

二戰後，「九約」的長老沿用日佔時期的區役所辦理日常鄉事，並在一九四六年在沙田各村的支持下，於現時沙田鄉事委員會的所在地（沙田排頭街十三號）興建了沙田鄉公所。戰後在鄉公所、政府及村民的努力下，沙田社區活動重回正軌，並有所發展，例如：鄉公所開始和漁農署商討農民福利。[14] 可見，「九約」的角色開始過渡至鄉公所，但由這時期開始，車公廟失去了「九約」集會地點的功能，同時「九約」這個組織的功能不再只是舉行非正式集會及管治區務，而是開始緊密和政府合作，真正成為了地區管理組織。隨著沙田於七〇年代發展成新市鎮，鄉公所也改名為鄉事委員會，並發展成「鄉議局——鄉事委員會——村代表」的三層架構，更因遷來人口太多，每條村必須選出「原居民代表」和「居民代表」[15] 兩個村代表。[16]

14 潘啟聰、陳顯揚、歐陽皓江：《大隧同源：大老山隧道與瀝源發展歷程》（香港：中華書局（香港）有限公司），頁二十五。

15 縱使實行了雙村代表制，但「居民代表」基本還是由原居民當選。

16 鄺智文：〈從「新界人」到「原居民」：英治時期香港新界村民的身份建構〉，《香港社會科學學報》第五十二期（二〇一八年秋冬季），頁五十九、六十七。

今時今日（二〇二二年），沙田各村的合作、與政府交流的事務皆由鄉事委員會負責。沙田圍村村民謝子健先生指：「我覺得時代不同了，很多東西都不同了。所謂九約在我眼中只是類似一個聯盟，但他們到底是幹什麼的，很多年輕一輩都不清楚，不知道它的作用。」[17] 鄉事委員會完全取代了「九約」的工作，令到不少年輕村民對「九約」這個概念模糊；「我只遠遠看到過車公古廟，相信只有九約的鄉親父老才能進入車公古廟。」車公古廟作為九約連結在一起的重要場所，一般村民卻無法接觸到古廟，年輕村民難以對車公古廟產生歸屬感。在上部份中提到，車公廟是否由九約管理，對以前的的九約村民身份建構的作用很少，但對於年輕的村民來說，車公廟交由華人廟宇委員會管理，每次進入皆需要申請及輪候，更令他們無法透過這個由祖先合建的古廟產生對九約的歸屬感。

然而，車公廟從另一方面對年輕村民的身份建構又產生了另一層的正面作用。謝先生指出，九約聯盟有車公誕和太平清醮這兩個活動，是全九約一起進行的。[18] 對於一般村民來說，鄉事委員會中九約的管理事務很遙遠，相反車公誕和太平清醮卻讓他們真實感受到九約之間的關聯。車公誕和太平清醮雖然現時皆由鄉委會籌辦，但全體九約居民皆能親身參與這兩項活動。下文將再詳述車公誕和太平清醮。

17 鄭穎欣訪問，謝子健先生訪談，二〇二二年二月十四日於謝氏宗祠受訪。
18 鄭穎欣訪問，謝子健先生訪談，二〇二二年二月十四日於謝氏宗祠受訪。

四、車公誕與太平清醮

根據蕭國健，「沙田九約」主要任務是改善區內社會環境，經營墟市及舉辦宗教慶典。[19]在舉辦宗教慶典方面，九約主要的兩個重要宗教慶典是：車公誕及太平清醮。

車公誕顧名思義是慶祝車公誕辰的宗教慶典，車公誕一年有四次，為農曆三月廿七、六月初六、八月十六及正月初二（正誕），[20]當中以正誕的慶祝規模最大，正誕的慶祝活動為求籤祈福。在一九六七年的一篇《華僑日報》報導中指出，每逢農曆正月初二及八月十六，沙田鄉事委員會主席會帶領鄉民代表酬神，即「春秋二祭」。[21]在六〇年代，沙田鄉委會會帶領鄉紳們在春秋兩季酬神，每年車公的春秋誕辰皆會舉辦一定規模的儀式，可見當時的九約居民把車公當作村中的信仰，希望瘟疫之神車公保祐沙田風調雨順。

今天，我們較多聽說正月初二的正誕會有祭祀活動，每年沙田都會派出代表為沙田求籤

19 蕭國健：《探本索微：香港早期歷史論集》，頁二一九。

20 三月廿七日為《通勝》中車大元帥的生辰，《通勝》中同一神祇不會出現兩個稱呼，故三月廿七是否為車公誕存疑。載自同註二，頁一五九。

21 〈新界假期遊覽勝地之一：沙田車公廟近貌〉，華僑日報，一九六七年三月二十六日。轉載自黃競聰，《簡明香港華人風俗史》（香港：三聯書店有限公司，二〇二〇年），頁五十九。

祈福。以二〇二二年為例，為沙田求籤祈福的代表是首副主席李志麒，他是牛皮沙村人。根據謝先生之言，沙田鄉事委員會確實是九約代表方，會和民政事務署的官員一起在車公誕當天祭祀；[22]在民眾求籤祈福方面，謝先生作為沙田圍村的年輕一輩的村民，指出自有記憶以來，沙田圍村並沒有組織村民一同前往拜祭，基本是各家各戶自行前往，亦有人選擇不慶祝車公誕。[23]現時，慶祝車公誕不是每家每戶皆慶祝的活動，沙田九約的車公誕儀式也一定程度地受到簡化，漸漸地變成單純的「儀式」，不過仍有不少人會前往祭祀。故此，車公誕雖然一般村民並不能參與到正式儀式內，對他們的身份建構的作用有限，但村民們卻沒有忘記慶祝車公誕這個傳統習俗，可見，車公誕仍是村民們的根。

十年一次的「九約太平清醮」相傳始於光緒元年，當時沙田有瘟疫肆虐，村民到沙田車公廟請車公神像「巡村」以消災，在「巡村」後疫症消失，故此沙田的居民承諾以後每十年舉辦一次四日五夜的太平清醮以酬謝神恩。[24]可見，沙田太平清醮的緣起與沙田車公廟有著密不可分的關係，當中亦蘊含居民對車公的敬重之情。謝先生表示，太平清醮在今天確實是九約的

22 鄭穎欣訪問，謝子健先生訪談，二〇二二年二月十四日於謝氏宗祠受訪。
23 鄭穎欣訪問，謝子健先生訪談，二〇二二年二月十四日於謝氏宗祠受訪。
24 沙田文化藝術推廣委員會：〈「人神嘉年華」沙田九約太平清醮〉，《沙田文藝節目期刊》第四冊（二〇一六年二月）：十。

重大慶典，但他同時表示自己並不清楚沙田太平清醮的源起，現時太平清醮的諸神慶典形式中，源於車公這個事實似乎已經不被所有年輕村民知曉。

四日五夜的太平清醮包括迎神、誦經、神功戲、善男信女上香參神等活動，當中有小朋友會穿過鬼王褲襠的活動，鬼王是觀音菩薩的化身，小朋友穿過後遊魂野鬼就不會找他們麻煩，能平安健康地成長。[25] 事實上，今天的太平清醮已是集道教和佛教於一身的慶典，區內所有的寺廟、道觀都會在醮場內設壇。[26] 會場中不但有「招魂幡」來招遊魂野鬼或自己的祖先，希望他們能跟著「招魂幡」到會場中接受功德或施食，[27] 更有安放村民祖先牌位的棚，讓佛教和道教團體來進行法事。車公作為太平清醮的緣起，且車公廟是區內大廟，車公神像在太平清醮中卻只立在楊侯神像隔壁，與其他神佛平起平坐。雖然車公驅疫一事為九約建醮的契機，但在現時的打醮中卻和其他神佛放在同一位置。

沙田太平清醮已經發展為多神崇拜及拜祭祖先的盛事。鄉委

當談論到太平清醮時，謝先生顯得十分雀躍

25 鄭穎欣訪問，謝子健先生訪談，二〇二二年二月十四日於謝氏宗祠受訪。

26 〈「人神嘉年華」沙田九約太平清醮〉，《沙田文藝節目期刊》第四冊，頁十。

27 鄭穎欣訪問，謝子健先生訪談，二〇二二年二月十四日於謝氏宗祠受訪。

會更為了太平清醮，特別建立了一個建醮委員會；男性村民亦能自願報名擔任「緣首」，甚至成為「攬榜公」。[28]村民一家老小皆會到太平清醮現場，人人皆能參與其中。太平清醮不但是九約內最大的交流活動，更容許區內的非原居民參與。謝先生回憶自己參加過的太平清醮，確實見有非原居民參與。可以說，太平清醮不但連結了九約居民，更讓九約居民與非原居民有了一個交流、共同享受傳統活動祝福的平臺。從太平清醮來看，因車公信仰而起的太平清醮，橫向而言增加了九約居民及非原居民互相交流管道；縱向來說則因祭祀神佛、供奉祖先等行為加強了九約居民對傳統、宗族的概念。

透過籌備、參與、觀賞車公誕和太平清醮這兩個宗教慶典，負責籌備工作的村民能與不同村的村民合作，尋回祖先最初和「九約」各村的團結感，更讓他們感受到祖先對神祇的敬重。至於沒有參與籌備的人，亦能透過觀賞及參與慶典的儀式活動等方式，感受九約祖先的團結，對自己身為九約村民的身份有更深刻的認識。

五、石屎森林中的傳承困境：車公廟對沙田圍村民的意義

沙田九約中包含了昔日瀝源所有的鄉村，每條村都有自己的歷史脈絡、習俗。本文的訪問

28 〈「人神嘉年華」沙田九約太平清醮〉，《沙田文藝節目期刊》第四冊：十二。

對象謝子健先生是沙田圍村人，屬於沙田圍約。謝氏由十二世祖謝琅公開始移居到新安縣瀝源洞沙田圍，就此落地生根。[29] 從車公古廟一八九〇年重修時的《重修車公廟碑記》中有記載謝氏祖先也曾捐款以重修車公廟。[30] 雖然沙田圍村離車公廟有一段距離，但沙田圍村的祖先對車公廟相當敬重，仍把車公廟作為保祐沙田圍村、九約風調雨順的神祇。到了現在，謝先生除在新年的時候必定會前往車公廟祈福，其他時日基本不會特意到車公廟，有時或會在路過時順道拜祭。對謝先生來說，他知道到車公廟拜祭是沙田圍村的一個傳統，卻沒有真正的把這個傳統當成一個信仰。謝先生也直言，「我覺得我自己（把拜車公）當是一個習俗」。[31] 可見，沙田圍村縱然仍有「拜車公」的習俗，卻沒有把車公當作一個信仰。謝先生亦指出，不少村民亦因自身宗教或身為無神論者等原因而不會拜車公。謝先生本人亦是一個虔誠的佛教徒，但他認為車公信仰是以道教形式管理，相信車公信仰是導人向善，所以覺得沒有衝突，故同時也會拜車公。現代社會因為宗教多元，愈來愈多沙田圍村人相信別的宗教，圍村中拜車公的人也愈來愈少。除了因沒有衝突外，謝先生拜車公的另一個原因是因為傳承，「這是一個傳統，也是我們村的傳承。將來當我有孩子，我還是會告訴他們這個故事，告訴他們事情是怎樣的，

29 謝氏族譜，一九五六年農曆乙未年冬立，中文大學資料庫，〈https://hkhiso.itsc.cuhk.edu.hk/history/node/935〉。
30 《香港碑銘匯編》，頁二三二至二三八。
31 鄭穎欣訪問，謝子健先生訪談，二〇二二年二月十四日於謝氏宗祠受訪。

我也希望他們會拜車公，讓這個傳統一直傳承下去。」[32] 可見，有一部份沙田圍村人會有把「拜車公」這習俗傳承下去的想法，而車公廟則成為了承載著傳統傳承下去的載具，對沙田圍村人的自我身份建構起了一定作用。

除了拜車公，沙田圍村仍有其他習俗，「我們沙田圍村與沙田圍新村、謝屋村、灰窰下村皆是謝姓村，作壆坑村[33] 亦有少量謝氏分支。我們每年都會一起參與新年點燈和租旅遊巴到西貢祭祖。」[34] 沙田圍村每年皆會有點燈及集體祭祖儀式，而且這些儀式皆和其他謝姓村一起進行。車公廟不是沙田圍村傳統的全部，除了信仰，血緣也是身份建構的重要部份，甚至比車公更為重要。基本上是全謝氏皆會出席點燈及集體祭祖等和氏族、血緣有關的活動，但近年這些習俗受到其他因素影響。「曾經有一個沙田圍村的租客打電話告訴我，他家旁邊的鄰居在打齋（習俗——長輩去世會在家門口打齋），他擔心會不會打齋打整晚，覺得有點害怕恐怖。」[35] 受到沙田城市發展的影響，沙田圍村近年搬進了很多外來租客，但外來租客卻對不少圍村習俗不解，影響了習俗的傳承，「現在已經轉變到，就算真的在家門前搭棚祭祀，到晚

32 鄭穎欣訪問，謝子健先生訪談，二〇二二年二月十四日於謝氏宗祠受訪。
33 作壆坑村為李氏村。
34 鄭穎欣訪問，謝子健先生訪談，二〇二二年二月十四日於謝氏宗祠受訪。
35 鄭穎欣訪問，謝子健先生訪談，二〇二二年二月十四日於謝氏宗祠受訪。

上十時左右就停，甚至有些村民因怕麻煩而到了殯儀館處理，不會再在村中處理。」[36]。可見，其他村內習俗受到簡化，傳統習俗在沙田圍村人的身份構成中所佔的部份愈來愈少。

①／②／③｜④

① 謝氏宗祠除了祭祀祖先，更有開會、舉辦傳統習俗等功能。
② 他們會於村口大王爺處點燈。
③ ④ 點燈當天，村口大王爺處人頭湧湧，十分熱鬧。點燈的主人家會派禮包給予現場親友。

36 鄭穎欣訪問，謝子健先生訪談，二〇二二年二月十四日於謝氏宗祠受訪。

隨著時代的變遷，人與人之間的關係變得愈來愈冷漠，在這個石屎森林中，「傳承」亦變得愈來愈困難。圍村是注重血緣的地方，但現時一些和血緣有關的習俗也受到一定程度的簡化。這些習俗對沙田圍村人的身份建構的作用既愈來愈少，那本就只佔傳統很少部份的車公就更不消說。在將來，車公廟對沙田圍村村民身份建構的作用恐怕愈來愈少。

六、車公的功能轉變：從信仰到習俗、從瘟疫到萬事通

若和以前的九約村民相比，車公廟在現時九約村民身份建構的位置明顯較低的。不論是九約村民的身份還是以自己圍村村民的身份，車公廟對其身份建構的作用是較小的。這不能從單一原因追究，宗教自由、科技發展、歷史的含糊、沙田的人口變遷等，每一個都是導致這個結果的小因素。沙田車公廟是沙田原居民的歷史見證，是九約團結的象徵；後人縱使不再把車公當作信仰，但仍知道車公廟是自己村、是九約的宗教場所。拜車公是與祖先對話的過程，而傳承是讓對話延續下去的方法。

車公作為瘟疫之神，沙田車公廟一直吸引不少區內外的人前往拜祭，但在多年的演變下，人們到車公廟拜祭會祈求各種不同的事物，車公廟不再只有祈求瘟疫停止的作用。以謝先生為例，他一般都希望車公保佑家庭幸福、一切順利；即便是每年的車公誕，香港和沙田各自的代

表都是祈求香港和沙田社會安定、市民生活美滿，可以看到，現在的車公不再只是瘟疫之神，而是「萬事通」。車公在信仰上、保佑功能的定位亦有所轉變。此外，雖然我們無從得知以前的沙田圍村村民是否有一同前往車公廟拜祭的習慣，但現在的沙田圍村則顯然是各家各戶各自前往祭祀，而且宗族中拜祭車公者比例愈來愈少。當中不少人（特別是年輕一代）因信奉其他宗教或是認為拜祭車公迷信而不再前往祭祀。謝先生亦只因他是信奉佛教，與他的信仰沒衝突，故每年新年／車公正誕才會前往拜祭，但日常拜祭車公的次數已不多了。另外，他仍拜車公的原因亦在於他認為拜祭車公是他們的傳統，車公廟是沙田九約的重要場所。可見，車公廟在九約村民心中的定位，已由宗教場所轉變為傳統場所；車公信仰也由信仰的功能慢慢轉變為習俗功能。

七、結語

時至今日，車公廟是香港香火最鼎盛的數個廟宇之一，每年新年，總有數以千百計的香港市民到車公廟拜車公，人龍連綿不絕，只為在新年得到車公的庇佑，初二的求籤結果更是備受討論。不可否認，沙田車公廟已經成為了沙田的地標，車公廟已經由沙田人的車公廟轉變成香港人的車公廟。

車公廟在沙田九約村民的身份建構的作用亦有了不同的變化，例如由信仰功能轉變為習俗功能；但同時又保留了一定的作用，例如因車公信仰而起的太平清醮加強了九約居民對傳統、宗族的概念。縱使因各種各樣的原因，九約村民與車公廟的距離愈來愈遠，但九約村民似乎並沒有忘記這個由自己祖先集資建造的廟宇。在這個愈來愈多人反對迷信、民俗信仰愈來愈息微的年代，車公廟無疑是幸運的，因它沒有被人漸漸遺忘，反而成為了香港文化的其中一個符號。

新年時車公廟的香火十分旺盛，人潮洶湧。

參考資料

中文書目

危丁明，《仙蹤佛跡：香港民間信仰百年》。香港：三聯書店有限公司。

周樹佳，《香港諸神：起源、廟宇與崇拜》。香港：中華書局（香港）有限公司，二〇二一年。

科大衛、陸鴻基、吳倫霓霞，《香港碑銘匯編》。香港：香港市政局，一九八六年。

黃競聰，《簡明香港華人風俗史》。香港：三聯書店有限公司，二〇二〇年。

潘啟聰、陳顯揚、歐陽晧江，《大隧同源：大老山隧道與瀝源發展歷程》。香港：中華書局（香港）有限公司。

蕭國健，《探本索微：香港早期歷史論集》。香港：中華書局香港有限公司，二〇一五年十一月。

期刊論文

朱鴻林，〈二十世紀的明清鄉約研究〉。《歷史人類學學刊》第二卷第一期（二〇〇四年）：頁一七五至一九六。

沙田文化藝術推廣委員會，〈「人神嘉年華」沙田九約太平清醮〉。《沙田文藝節目期刊》第四冊（二〇一六年二月）：頁十至十三。

鄺智文，〈從「新界人」到「原居民」：英治時期香港新界村民的身份建構〉。《香港社會科學學報》第五十二期（二〇一八年秋冬季）：頁三十九至七十二。

網路資料

韋氏族譜，年份不詳，中文大學資料庫，https://hkhiso.itsc.cuhk.edu.hk/history/node/658。

蔡兆浚，香港地方志中心。「沙田地名初探」，https://www.hkchronicles.org.hk/香港志/附錄/沙田地名初探（二〇二三年四月十四日瀏覽）。

謝氏族譜，一九五六年農曆乙未年冬立，中文大學資料庫，http://hkhiso.itsc.cuhk.edu.hk/history/node/935。

遠船鳴鼓過灣前，落寞天妃待客來
——油麻地天后廟與油麻地區的前世今生

梁樂婷

一、引言

天后廟遍佈全港各地，統計全港共有超過數百座天后廟，[1]數量十分龐大，也側面反映了天后信仰的廣泛性以及對香港人的重要性。在眾多天后廟中，超過百年歷史的天后廟為數不多，油麻地天后廟便是其中一座。由水上人在一八六五年興建的天后廟不單單只是油麻地社區的宗教中心，同時也發揮了社區整合功能，與油麻地社區居民的生活有密切的關係。歷經社區的轉型與變遷，油麻地社區的風貌與以往已經截然不同。至於這座遺世獨立的天后廟仍在油麻地社區中屹立不倒，但其與油麻地社區的關係是否同往昔般密不可分？本文將通過分析歷史資料，重現天后廟以及油麻地社區百年來的風貌，同時亦會以口述歷史的方法，透過曾在油麻地居住以及工作的王

1 謝永昌、蕭國健：《香港民間神靈與廟宇探究》（香港：香港道教聯合會，二〇一〇年），頁七十八。

小姐[2]眼中，觀察近年來油麻地的轉變，以及天后廟與油麻地社區的關係。

二、油麻地天后廟與油麻地社區歷史分析

天后信仰在港的傳播

天后，又稱天后聖母、媽祖和天妃等，是守護海洋的女神。相傳天后的原籍在福建莆田湄洲，原名為林默娘，她是一位巫女並有神通的能力，因有為人治病的能力而在莆田地區演變成了一種信仰。[3]天后對不同階層的人有不同的代表意義：水上人認為天后是海洋力量的代表，陸上人認為天后是地方秩序穩定的代表，而政府則認為有教化的作用。[4]根據清朝官員黃恩彤《撫遠紀略》的文字記錄，香港原是一個「海中荒島」，有「蜑戶十餘家，傍岸寄居，捕魚糊口」。[5]這給了我們一個對香港這個地方一個大約概念：一個四面環海的島嶼，而島上的居民以

2 王小姐兒時在油麻地生活，雖然曾搬離這個社區，但輾轉又回到油麻地1823政府一線通以及食環署工作，所以對油麻區十分熟悉，也因工作關係接觸到許多油麻地的人和事，見證了油麻地的歷史變遷。

3 謝永昌，蕭國健：《香港民間神靈與廟宇探究》，頁七十七。

4 華琛（James Watson）：〈神祇標準化——華南沿岸天后地位的提昇〉，載陳慎慶編：《諸神嘉年華：香港宗教研究》（香港：牛津大學出版社，二〇〇二年），頁一六六。

5 危丁明：《仙佛踪跡：香港民間信仰百年》（香港：三聯書店香港有限公司，二〇一九年），頁九。

捕魚為生。依照地理環境的角度作分析，香港作為沿海地方，很多人居住在海岸附近，所以他們多以漁業和航海運輸業為生。天后作為海神，能保佑漁民的航海安全，漁獲豐收，可以滿足沿海居民心靈上的需求。香港的水上居民則大致上可以分為福佬和蜑家人兩個族群，福佬多指原居在福建地區而在其後遷移到廣東一帶的族群，並可以分為以莆田人士為主的「新族」以及由漳州和泉州遷入的「舊族」，[6]蜑家人則為居住在舟上的人士，也是水上人的一個統稱。香港人以漁為業以及福佬和蜑家人的遷入也為天后信仰在港傳播帶來了強大的助力。

油麻地社區與天后廟的歷史

油麻地為沿海地區，早在明朝時，便有人聚居在附近。從天后廟於一八七〇年（同治九年）所刻的的重建天后古廟碑中「此蔴地之有廟所由來焉」一句可以得知，油麻地當初的名字為「蔴地」。[7]另在一八七五年（光緒元年）所刻的乙亥春月重建天后古廟碑記的文字記載，「蔴地」這個區域已改名為現今的「油麻地」。[8]當時天后廟前是一個停泊漁船的港灣，有附近的漁民在港灣的廣場晾曬船上的麻繩，加上附近的商舖亦以為漁民提供修理船隻所需的桐油以及麻繩居

6 香港史學會編：《文物古蹟中的香港史》（香港：中華書局（香港）有限公司，二〇一四年），頁五十七。
7 科大衛、陸鴻基、吳倫霓霞主編：《香港碑銘彙編》（香港：市政局，一九八六年），頁一四七。
8 同前注，頁一五七。

多，油麻地便因此得名。[9]在英殖民時期，英政府為發展尖沙咀，於是在一八六四年將尖沙咀的華人居民遷至蔴地沿海的區域，於是產生了一個水陸居民共用的新市集，一個新的華人社區就此形成。[10]至此以後油麻地便漸漸開始興盛起來，亦受到政府的重視。一八七三年油麻地警署成立，一八九五年舊水務處抽水站的落成，以及一九一〇年油麻地公立醫院的成立標示著油麻地成為一個有社區規劃的地區。同時，油麻地的人口亦有大幅上升的趨勢，從一八九七年的八千零五十一人上升到一九〇一年的人一萬六千八百五十九人，到一九三一年油麻地居民更高達約六萬八千人。[11]而油麻地的居民從事各式各樣的行業，其中以捕魚以及海上運輸的佔大多數，這與油麻地天后廟的建立有密切的關係。

油麻地天后廟現今位於九龍油麻地廟街眾坊街。天后廟由當地的水上居民所興建，而最初原址位於現在官涌街市，亦有位於現在廟街以及北海街交界一說。[12]從廟門外一雙石獅的刻字「同治四年吉日」——即一八六五年，可推斷天后廟最遲於一八六五年已經存在。而由廟中數塊重修天后古廟碑以及重修天后廟書院公所碑記（見篇末附圖）的文字可得知，天后廟曾經

9　蕭國健主編：《油尖旺區風物志》（香港：油尖旺區議會出版，一九八六年），頁十七。
10　油麻地居民權益關注會：《油麻地——文化導賞手冊》（香港：油麻地居民權益關注會出版），頁三。
11　盧淑櫻：《東華歷史散步》（香港：商務印書館香港有限公司，二〇一九年），頁九十一。
12　油麻地居民權益關注會：《油麻地——文化導賞手冊》，頁八。

歷多次重修。根據資料顯示，原廟因受一八七四年的甲戌風災影響被毀，在一八七六年重建廟宇時才搬遷到眾坊街臨海土地的現址。其後，天后廟旁陸陸續續有其他廟宇建築建成，包括：供奉城隍的油麻地城隍廟、供奉觀音菩薩和社公的油麻地社壇、供奉觀音菩薩和土地神的油麻地福德祠、以及油麻地書院。連同天后廟，此五座廟宇被稱為天后廟建築群。天后廟前空地有數十棵枝葉茂盛的百年榕樹，因此附近的居民將這塊空地稱作「榕樹頭」，[13]不但是居民平日休憩的好去處，亦是主要社區活動舉辦的地方。

早期油麻地社區與天后廟的關係

天后廟不但是祭祀天后的宗教場所，更是油麻地居民的信仰中心。天后廟為水上人和漁民所建，天后廟的節誕和活動亦多由水上人和漁民負責舉辦。而從重建天后廟的碑文中所見，為重建天后廟捐款的善心人士大多來自油麻地社區，包括附近的商戶以及水陸居民等等，[14]反映了天后廟與周邊的關係友善和睦。

油麻地社壇觀音樓內有一塊一八九四年所刻的〈倡建公所碑記〉，就曾記錄當年的油麻地正值風雨飄搖的時代，紛爭眾多，所以需要「恍立公庭」，達到「無虞是非之倒置

13 同前注。

14 〈重修天后聖母古廟碑記〉，科大衛、陸鴻基、吳倫霓霞主編：《香港碑銘彙編》，頁二三九至二四七。

矣」。[15]成立公所的目的是使紛爭得到公平公正的裁決，也令油麻地社區得以有一個仲裁事務以及商議地區事務的場所。公所為油麻地五約所興建，五約指的是油麻地、尖沙咀、旺角、深水埗、官涌五個地區。[16]公所的建立標示著油麻地成為一個有制度和規範的社區。

在天后廟旁有兩所書院，是區內為數不多為油麻地社區學生提供教育的場所。第一所是在一八九七年建立的書院，主要為油麻地區內的清貧學童提供教育，位於現時的城隍廟。第二所則是由東華三院興建的義學。東華三院在一九〇四年審視其義學計劃後，認為其義學主要集中在港島區域，未能滿足九龍地區的需求，於是抽取文武廟的部分收入，作為在油麻地天后廟南書院開辦「文武廟油麻地免費義學」的經費。[17]這所義學是九龍區成立的第一所義學，因此吸引了不少清貧學生報名，供不應求。在《三院小學沿革中學之建籌》就曾記錄油麻地義學是「請求入塾之學童最多」，為應付供求失衡的問題，於是採取「執籌入塾」的方法，中籤學童才能獲得入讀機會。[18]作為油麻地唯一一所免費義學，書院的意義重大，更肩負了整個地區的教育人才的重任。

15 〈倡建公所碑記〉，科大衛、陸鴻基、吳倫霓霞主編：《香港碑銘彙編》，頁二五九。

16 盧淑櫻：《東華歷史散步》，頁九十七。

17 東華三院百年史略編纂委員會編：《東華三院百年史略》（香港：香港東華三院庚戌年董事局出版，一九七〇年），頁一一八。

18 魯金：《香港西區街道故事》（香港：三聯書店有限公司，二〇二二年），頁二三六。

天后廟前的榕樹頭是油麻地居民的公共空間。戰前榕樹頭有不少小販在木材搭建的小屋中營商，[19]當時，其中一個管理榕樹頭的組織是自由華商總會，其採取分租的方法以低價租售商舖給貧窮的市民，向他們提供一個謀生的機會。[20]雖然戰時香港百業蕭條，但戰後的榕樹頭再次聚集了一群小販售賣各種商品，如食物、書籍以及洋貨等等，氣氛非常熱鬧，甚至吸引了外國旅人到此參觀，成為「九龍的大笪地」。[21]

整個油麻地社區都是圍繞著天后廟而建立，油麻地居民的生活圈亦以天后廟為中心而產生。天后廟旁的公所是仲裁議事的地方，而書院則是提供教育的場所，與油麻地的社區發展和居民的生活有密不可分的關係。所以，天后廟可說是一所有社區整合功能的廟宇，亦是聖神與世俗結合的體現。同時，天后廟也通過廟宇本身建立起油麻地居民對油麻地社區的歸屬感與身份認同，令油麻地的社區連結更加緊密。一九一六年，天后廟轉交廣華醫院管理，據〈重修天后廟書院公所碑記〉碑文所記錄，「……將天后宮積存廟嘗，及及歷年所投司祝款項若干，及廟堂事務，悉歸廣華醫院權理。」而「神誕、演戲、建醮」活動則每年由「街坊公推值事變

19 余震宇：《壹街一個故事——九龍篇》（香港：日閱堂出版社，二〇一九年），頁九十二。
20 余震宇：《九龍海岸線》（香港：中華書局香港有限公司，二〇一五年），頁二六九。
21 同前注。

通辦理」。[22]而到了一九二八年《華人廟宇條例》頒布後，廣華醫院才正式接管天后廟，天后廟旁的公所、書院和福德祠都被納入廣華醫院管轄範圍，從今往後天后廟成了受條例管理的廟宇，令以廟宇為中心的社會組織瓦解。[23]受制度所規範雖然可以解決有關天后廟事務的紛爭，但同時亦令天后廟失去自主權，不再是由油麻地居民所主導的廟宇。

三、油麻地與天后廟的社區轉型

油麻地從漁港變為有規劃的社區，可以從不同角度觀察到這個社區的轉型與變化，亦可以留意到天后廟與油麻地的關係在不知不覺中漸漸改變。從地理位置分析，油麻地本為沿海地區，主要的經濟活動集中在海岸附近，故有不少水上人和漁民。天后廟對出位置就是港灣。自從一八七〇年代開始，政府曾三次在油麻地進行大型填海工程。一八七五年第一次填海工程的展開是因一八七四年甲戌風災造成的死傷人數眾多，加上財產受破壞，因而有重建油麻地區的計劃。[24]這次填海計劃開闢了新填地街、廟街和差館街三條街道，亦增加了海濱的空間面

22 〈重修天后廟書院公所碑記〉，收入科大衛、陸鴻基、吳倫霓霞主編：《香港碑銘彙編》，頁四四二。
23 盧淑櫻：《東華歷史散步》，頁九十九。
24 冼玉儀、劉潤和主編：《益善行道——東華三院一三五周年紀念專題文集》（香港：三聯書店有限公司，二〇〇六年），頁二八三。

積。[25]第二次的填海工程於一九〇〇年展開，填海區域由新填地街延伸到渡船街，以及從佐敦道延伸到旺角道，同時也開始展開其他主要道路的擴展與延長工程，令油麻地的道路規劃和交通網絡更為完善。[26]為解決颱風帶來的損害，政府在一九〇九年至一九一五年在油麻地興建避風塘，成為當時最多船隻停泊的避風港，也帶動了不同渡輪公司在此開發營運多條來往油麻地以及港島等的航線。[27]一九九〇年代政府提出西九龍填海計劃，油麻地也迎來了第三次填海，渡船街西面的舊油麻地避風塘在計劃中被填平。[28]填海工程不但為油麻地區帶來更多的發展空間，也令油麻地區的社區規劃更有條理。可是這一次又一次的填海工程卻拉遠了天后廟與港灣的距離，亦意味著天后廟與水上人的關係漸漸疏遠。

天后廟旁的書院曾是九龍區內為數不多的教育場所，但兩所書院都先後結束其教育事務。第一所書院結束後，東華三院曾作出租之用，以及作為陳列天后廟文物的場地，直到一九七二

25 油麻地居民權益關注會：《油麻地——文化導賞手冊》，頁三。

26 鄭寶鴻：《港島街道百年》（香港：三聯書店有限公司，二〇一二年），頁四十。

27 同前注。

28 九龍拓展處：〈九龍發展計劃——新填海區／發展區二〇〇二／〇三年版〉，香港土木工程處網站：www.cedd.gov.hk/tc/archives/programmes02_03_kl_01_07.htm（發布日期：二〇〇三年一月七日；讀取日期：二〇一一年十二月二日。

年正式改建為城隍廟。[29]而第二間由東華三院興建的義學曾在戰時停辦，戰後義學重新辦學並改名為「東華三院九龍第一免費小學」。[30]其後東華三院提議將天后廟的兩間校舍合併為新校舍但遭到天后廟街坊值理會反對，因此輾轉到水月宮旁空地建校，並改名為「東華三院九龍第一小學」，於一九五五年正式辦學，從此以後天后廟的義學正式結束。[31]其後在一九六八年由香港天主教教區創辦，位於油麻地避風塘旁的油麻地天主教小學也正式落成和開始辦學，在四年內已經開設了三十班，為區內的學童提供教育。[32]書院停辦以及教育制度的完善，使廟學成為絕響，以往天后廟書院承擔的教育工作已被取替。

天后廟前的榕樹頭曾經是油麻地最繁榮和人流最多的區域，商舖林立，吸引了不少人在此聚集。在一九六九年，政府將榕樹頭的商舖重新整頓，一部分的商舖遷移到牛頭角，而另一部分遷移到同區的上海街與甘肅街，從此以後榕樹頭人稠物穰的景象便不復存在。[33]「榕樹頭」曾經是水上人的活動中心，可是因為填海的緣故而距離海岸越來越遠，加上附近的廟街的發展

29 盧淑櫻：《東華歷史散步》，頁九十七。

30 蕭國健主編：《油尖旺區風物志》，頁七十三。

31 同前注。

32 油蔴地天主教小學：〈學校歷史〉，油蔴地天主教小學：https://www.ymtcps.edu.hk/zh_tw/site/view?name=%E5%AD%B8%E6%A0%A1%E6%AD%B7%E5%8F%B2（發布日期：不詳；讀取日期：二〇二二年七月三十日。

33 余震宇：《九龍海岸線》，頁二六九。

越見興盛，平日可看見不少區內年長一輩在「榕樹頭」下棋、唱歌，漸漸變成社交地方，現今已改建為油麻地社區中心休憩花園。[34]

涂爾幹在其著作提出集體意識的重要性，通過宗教儀式中的集體聚會可以使參與者產生集體認同感，在儀式中所分享的情感更能引發集體的情緒，這亦是能夠團結人心，並使群體得以凝聚的原因。[35]天后廟自從將自治權交由給廣華醫院管理，並由《華人廟宇條例》規管，越來越少油麻地居民參與廟宇活動。除此以外，世俗化的生活會令集體意識處於消耗狀態，因此維持集體意識需要制度化以及定期化的集體活動。[36]一次又一次的變遷令油麻地的社區產生變化，而隨著人際網絡的分崩離析，天后廟已難以透過自身力量凝聚油麻地的居民。天后廟漸漸失去了其社會整合功能，退居於純粹的宗教場所。

四、近況探討

時過境遷，油麻地已不是百年前那個海灣，加上城市規劃的影響，油麻地社區發生了翻天覆地的變化。為了更近距離觀察油麻地與天后廟近年的關係，本文訪問了曾在該區生活了十

34 油麻地居民權益關注會：《油麻地——文化導賞手冊》，頁九。
35 何明修：〈涂爾幹與社會團結的源頭〉，《教育社會通訊》第三期（二〇〇二年），頁四。
36 同前註。

多年的王小姐[37]。「油麻地是比較複雜的地方，基層市民十分之多。」對於曾經在油麻地居住以及工作的王小姐來說，油麻地社區是一個人多雜亂的地方，這裡的人來自不同的背景，其中基層人士佔大多數。出現了老年化的問題。「有時輪班食飯的時間，會間中留意街上行人的質素，有些人的衣著會比較暴露。我和同事就會研究他們的年齡層，一致認為是老齡化社會。同時亦有一些衣著比較體面，我們就估計她們是從網上招客，通常只見到她們一、兩次，可能被人包養。」

王小姐指出，曾盛極一時的油麻地天后廟好像正在沒落。作為「廟迷」的她曾到訪過南丫島、索罟灣、榕樹灣的天后廟。「我發現那些（離島）天后廟較熱鬧。二〇一九年初至二〇二〇年南丫島人會到榕樹灣的籃球場起棚恭賀天后誕，會食素食。據街坊所說其費用十分昂貴，之後又會到索罟灣請一些戲劇名伶表演，更會請街坊食齋。從這些活動會看到天后廟的地位高尚。」[38]除此以外，王小姐在食環處工作時亦曾到過離島，並參與過天后廟的祭祀儀式，她認為當地的儀式十分莊重，會聚集一大班人參與，場面十分熱鬧。天后誕是天后廟一年一度的盛事，亦是信眾對天后表達謝意和祈求天后保佑的最佳時機，因此會吸引大批信眾到

37　王小姐兒時在油麻地生活，雖然曾搬離這個社區，但輾轉又回到油麻地的1823政府一線通以及食環署工作，所以對油麻區十分熟悉，也因工作關係接觸到到許多油麻地的人和事，見證了油麻地的歷史變遷。

38　梁樂婷訪問，王小姐訪談，二〇二二年四月十二日於ZOOM受訪。

天后廟參拜。同時天后誕也是展現傳統廟宇文化的節誕，可以看到許多具有特色的文化活動。可惜近年疫情反複，香港的宗教場所受到政策影響，不得不在廟宇實施人流管制，甚至被迫暫停開放。雖然油麻地天后廟，曾在二〇二一年恢復舉辦「花炮衝神儀式」以及「敬蓋吉璽儀式」，[39]但在二〇二二年舉辦的天后誕因疫情關係被迫取消「花炮衝神儀式」儀式與攤位活動，酬神儀式也轉為閉門舉辦。[40]傳統廟宇文化的傳承受到巨大的考驗，然而，這亦難以為繼。除此以外，天后會扮演著給予信眾心靈上支持的角色。「人們會到那裏（天后廟）向天后傾訴心事，有些更會向天后講述自己的身世。」[41]王小姐覺得基層的婦女教育水平較低，不會去尋求心理醫生的幫助，反而會去天后廟拜祭天后，尋求心靈上的安慰。

---

39 東華三院：〈東華三院首次舉辦天后誕大型慶祝活動「油麻地天后誕」承傳本土傳統文化　鼓勵港人認識非物質文化遺產〉，東華三院：https://www.tungwah.org.hk/press-release/%E6%9D%B1%E8%8F%AF%E4%B8%89%E9%99%A2%E9%A6%96%E6%AC%A1%E8%88%89%E8%BE%A6%E5%A4%A9%E5%90%8E%E8%AA%95%E5%A4%A7%E5%9E%8B%E6%85%B6%E7%A5%9D%E6%B4%BB%E5%8B%95%E3%80%8C%E6%B2%B9%E9%BA%BB%E5%9C%B0%E5%A4%A9/（發布日期：不詳；讀取日期：二〇二二年七月三十日。

40 東華三院：〈東華三院壬寅年（二〇二二）油麻地天后誕　董事局閉門酬神典禮安排通告〉，東華三院：https://temples.tungwahcsd.org/latest-events/detail?id=738（發布日期：二〇二二年四月十二日；讀取日期：二〇二二年七月三十日。

41 梁樂婷訪問，王小姐訪談，二〇二二年四月十二日於ZOOM受訪。

因工作的緣故，王小姐經常會路過天后廟。以她觀察所見，天后廟平日會有一些人出出入入，但不算香火旺盛，在特別日子如觀音借庫的時候人流才會較多。若將油麻地天后廟與離島的天后廟相比，王小姐認為油麻地天后廟是「人煙稀少」，「門可羅雀」。相反，因為天后廟現時被政府宣傳成旅客區，在這廟外有人擺攤檔，疫情以前會請一些官員、議員到天后廟面前領獎、開派對等活動。「天后廟晚上就比較清靜，主要是廟外的攞相佬，賣特別用品，可能是因為人們可以網購，所以比較清靜。但十幾年前人們就覺得此地方特別，二零零幾年廟街仍是很熱鬧，但最近比較清靜。最近走過梁顯利油麻地社區中心，發現有所改變，當中有頗有規模的玉器市場，警署都關閉，整條街道都死氣沉沉，有一些人會到那買海味。」從王小姐的描述可以論證到天后廟的沒落與水上人關係不再是重要因素，離島天后廟仍然保留著許多傳統廟宇文化，參與節慶的人數亦眾多，與油麻地天后廟相比是有過之而無不及。

天后廟歷史悠久，是一座有一定歷史價值的建築物，廟內有多種歷史文物，包括鐘身刻有「風調雨順」、「光緒二十三年」的大銅鐘，刻有「荷德如山」和「澤蔭群生」的牌匾，以及前進正脊的造工精細的日月神，龍和鯉魚等的石灣陶塑，歷史價值非凡。此外，作為香港罕見的五廟同建廟宇建築，實屬少見。雖然天后廟的歷史價值不容忽視，而且被古物古蹟辦事處列為一級歷史建築。但是，正如上文所說，天后廟興盛其實與水上人生活連結有密切關係，這些古物背後的象徵意義本來是與水上人生活有關，一旦這個群體消失，天后廟的古物亦只是一個普通香港古史的文物，對遊客而言，除了知道是古物外便沒有其他含義，而這些古物的存放，以及變成旅遊產業的宣傳，亦只是流於形式。

五、總結

油麻地天后廟是油麻地社區的信仰中心，公所和書院是區內議事和教育的場所，榕樹頭的公共空間亦是附近居民聚集的地方，所以天后廟是一所擁有社區整合功能的廟宇，同時也建立了油麻地居民的歸屬感與身份認同。經過社區轉型後，天后廟的社區整合功能已被取代，漸漸退居為純粹的宗教場所。「天后廟是安靜地守候著油麻地社區的變遷，當有需要時就可以找祂幫忙，會讓人們有一種安心；沒有需要時，祂就會安靜地守候這區的居民。」正如受訪者王小姐所說，天后廟見證著油麻地百年來的變化，猶如一位母親細心呵護著自己的孩子，陪伴孩子成長，在孩子需要她的時候不離不棄。可是若天后廟有一天真的從油麻地消失，必然會令人感到惋惜，甚至引起反對的聲音，因為人總是在失去的時候才懂得珍惜。如今，天后廟雖則成為了理所當然的存在，卻與油麻地社區沒有必然的關係，不禁令人感到唏噓。

左上｜「澤蔭群生」牌匾
左中｜重修天后廟書院公所碑記
左下｜天后塑像
右上｜「荷德如山」牌匾
右中｜門外石獅
右下｜石灣陶塑

參考資料

九龍拓展處：〈九龍發展計劃——新填海區／發展區二〇〇二／〇三年版〉，香港土木工程處網站：www.cedd.gov.hk/tc/archives/programmes02_03_kl_01_07.htm（發布日期：二〇〇三年一月七日；讀取日期：二〇二一年十二月二日。

危丁明：《仙佛踪跡：香港民間信仰百年》（香港：三聯書店香港有限公司，二〇一九年）。

何明修：〈涂爾幹與社會團結的源頭〉，《教育社會通訊》第三期（二〇〇二年）。

余震宇：《壹街一個故事——九龍篇》（香港：日閱堂出版社，二〇一九年）。

余震宇：《九龍海岸線》（香港：中華書局香港有限公司，二〇一五年）。

冼玉儀、劉潤和主編：《益善行道——東華三院一三五周年紀念專題文集》（香港：三聯書店有限公司，二〇〇六年）。

油麻地居民權益關注會：《油麻地——文化導賞手冊》（香港：油麻地居民權益關注會出版）。

東華三院百年史略編纂委員會編：《東華三院百年史略》（香港：香港東華三院庚戌年董事局出版，一九七〇年）。

東華三院：〈東華三院壬寅年（二〇二二）油麻地天后誕董事局閉門酬神典禮安排通告〉，東華三院：https://temples.tungwahcsd.org/latest-events/detail?id=738。

東華三院：〈東華三院首次舉辦天后誕大型慶祝活動「油麻地天后誕」承傳本土傳統文化　鼓勵港人認識非物質文化遺產〉，東華三院：https://www.tungwah.org.hk/press-release/%E6%9D%B1%E8%8F%AF%E4%B8%89%E9%99%A2%E9%A6%96%E6%AC%A1%E8%88%89%E8%BE%A6%E5%A4%A9%E5%90%8E%E8%AA%95%E5%A4%A7%E5%9E%8B%E6%85%B6%E7%A5%9D%E6%B4%BB%E5%8B%95%E3%80%8C%E6%B2%B9%E9%BA%BB%E5%9C%B0%E5%A4%A9/。

油蔴地天主教小學：〈學校歷史〉，油蔴地天主教小學：https://www.ymtcps.edu.hk/zh_tw/site/view?name=%E5%AD%B8%E6%A0%A1%E6%AD%B7%E5%8F%B2（發布日期：不詳；讀取日期：二〇二二年七月三十日。

科大衛、陸鴻基、吳倫霓霞主編：《香港碑銘彙編》（香港：市政局，一九八六年）。

香港史學會編：《文物古蹟中的香港史》（香港：中華書局（香港）有限公司，二〇一四年）。

梁樂婷訪問，王小姐訪談，二〇二二年四月十二日於ZOOM受訪。

華琛（James Watson）：〈神衹標準化——華南沿岸天后地位的提昇〉，載陳慎慶編：《諸神嘉年華：香港宗教研究》（香港：牛津大學出版社，二〇〇二年）。

鄭寶鴻：《港島街道百年》（香港：三聯書店有限公司，二〇〇二年）。

魯金：《香港西區街道故事》（香港：三聯書店有限公司，二〇二二年）。

蕭國健主編：《油尖旺區風物志》（香港：油尖旺區議會出版，一九八六年）。

盧淑櫻：《東華歷史散步》（香港：商務印書館香港有限公司，二〇一九年）。

謝永昌、蕭國健：《香港民間神靈與廟宇探究》（香港：香港道教聯合會，二〇一〇年）。

慈悲為懷渡眾生，借庫香火永不滅
——紅磡觀音廟普濟眾生的延續

林雪怡

紅磡觀音廟座落於香港九龍紅磡區內，位於鬧市之中的紅磡觀音廟鄰近何文田站及紅磡站，附近有眾多食肆，因此人流匯集。同時，紅磡觀音廟正位於紅磡區內的其中一個綜合性屋邨——家維邨的旁邊，因座落於當地社區，所以與社區的關係密切，為信眾提供宗教功能的同時，亦為紅磡區居民提供社區功能。

紅磡觀音「觀音廟」門額及「座下蓮花饒有西湖三月景，瓶中楊柳分來南海一枝春」門聯均刻於光緒十五年（一八八九年）。[1]廟門形狀如亭，中堂有蓋方如庭階，兩進則為正殿，主要供奉觀音，亦有供奉太歲及列聖。對於信徒而言，紅磡觀音廟是重要的宗教場所，為信眾提供心靈寄託，成為信徒心靈綠洲。

[1] 九龍城區風物志編撰委員會：《九龍城區風物志》（香港：九龍城區議會，二〇〇五年），頁五十四。

另外，紅磡觀音廟於同治十二年（一八七三年）由紅磡、鶴園及土瓜灣組成的「紅磡三約」居民籌錢所興建[2]，對於十九世紀初的紅磡區居民而言，紅磡觀音廟的意義不但是一個宗教場所，更是學校、醫館、互助會的角色，是作為早期紅磡區居民的生活中心。傳說，第二次世界大戰末期，觀音顯靈庇佑匿於廟內躲避轟炸的人士，免除該區眾生的苦難。區內居民為盡表感激和敬意，特意修建觀音廟以作紀念。從廟內善信酬謝神恩的牌匾與對聯，可見紅磡區居民酬謝觀音保佑的神恩，例如刻有「澤蔭方隅」四字的牌匾是由紅磡區的商鋪及居民共同贈與紅磡觀音廟。

於香港人而言，紅磡觀音廟是見證及記載了紅磡區發展和轉變的歷史建築，開放宗教場所令香港人和旅客都可以感受大菩薩的大悲心，時至今日紅磡觀音廟也成為旅遊景點之一。紅磡觀音廟旁的公所和學校的遺址記載了早期紅磡居民的生活，傳說紅磡觀音廟的興建是為了紀念二戰時觀音的善舉，是香港歷史的一部分。紅磡觀音廟不僅是供信眾走近觀音慈悲懷抱的第一步，更是供港人、遊客走進神聖之地，近距離瞻仰觀音菩薩的重要場所。神聖場所內的牌匾記載了過往信徒實踐善德與信仰的功績，對信眾具正面的影響。

本文希望藉此探究紅磡觀音廟與居民之間的關係及觀音廟兼任社區功能的同時，如何彰顯

2 曾燦威：〈本會沿革〉，《一九五三年紅磡三約街坊會年刊》，一九五三年，頁十二。

神聖空間的宗教功能。筆者相當榮幸能夠邀請到霍太作為是次口述歷史計劃的訪問對象，希望了解更多霍太作為觀音信徒對於其信仰的個人體會和經驗。再者，她乃是紅磡區的居民，有逾二十載參拜紅磡觀音廟的經驗，堅持實踐信仰，故此她熟知紅磡觀音廟及紅磡社區的發展情況。本人於此次訪問中獲益良多，加深了對參拜觀音流程和準備工作、信徒的生活和善舉等的新認識，在此向霍太致謝。

一、「觀音開庫」的由來及習俗簡化

紅磡觀音廟香火鼎盛，善信絡繹不絕，紅磡觀音廟的慈惠功能以「觀音開庫」的形式為人熟知。「觀音開庫」是紅磡觀音廟享負盛名的大型祭祀活動。「觀音開庫」來自於西樵的傳說，傳說中觀音菩薩化身提籃女子，將提籃（取之不盡的財庫的幻化）中的資源施捨百姓，助受災的西樵百姓度過難關。人們將該傳說發生的日子，即正月廿六日，確定為紀念觀音開庫散財濟民恩德的日子，並確立為一種習俗，認為每年的這一天，觀音都會重複當年的善舉，廣開恩庫，信徒隨需而取，稱之為「觀音開庫」。[3] 民眾在「觀音開庫」日會前往紅磡觀音廟「借庫」即向觀音大士祈求福氣，由於「借庫」過程中能得到觀音贈與生菜，而「生菜」與

[3] 鄭健宏：《西樵觀音信仰研究》（廣西：廣西師範大學出版社，二〇一六年），頁一四四至一四六。

①	②
③	④
⑤	⑥

① 列聖神像（筆者攝於2022年4月30日）
② 觀音神像（筆者攝於2022年4月30日）
③-⑥ 紅磡觀音廟內的牌匾（筆者攝於2022年4月30日）

①
②③
④⑤⑥

① 信徒功績記錄榜（筆者攝於2022年4月30日）
②③神轎及儀仗（筆者攝於2022年4月30日）
④「借庫」所得金額（筆者攝於2022年4月30日）
⑤「借庫」所得令牌（筆者攝於2022年4月30日）
⑥「借庫」所得的生菜掛飾（筆者攝於2022年4月30日）

「生財」諧音，不少人因此認為這是觀音向告貸者的祝福。[4] 現時觀音贈與信眾的生菜則是有生菜的掛飾，該掛飾代表觀音的祝福，因此需要掛在家中。而紅包中裝有花生及茶葉，供信眾「吃平安」。

民間對觀音的祈求便是求財，「借庫」不但能祈求財運，也能祈求健康、事業、人緣、轉運等，因各人所需而不同。以前紅磡居民會用神轎和儀仗恭請觀音出巡，為地方祈福，現時只保留每年正月廿六日「觀音開庫」的日子，供信眾「借庫」祈福，神轎和儀仗則保留在觀音廟內供信眾懷緬。

現時，「觀音開庫」日觀音廟會通宵開放給信眾「借庫」，前往紅磡觀音廟「借庫」的信眾當中不乏紅磡區以外的人前來，因此紅磡觀音廟的人流大增，形成萬人空巷的盛況。為維持秩序，信眾需排隊進入紅磡觀音廟「借庫」，部分信眾會為「借庫」提早並通宵達旦地排隊，因此從開庫前一天晚上便可在紅磡觀音廟門前看見排隊的人潮。疫情之下，紅磡觀音廟取消現場借庫，改為由附近的店鋪及華人廟宇委員會提供「代客借庫」的服務。雖然因「代客借庫」的服務出現，「借庫」流程被簡化，但仍需親身前往紅磡觀音廟門前參拜並奉上香火，而「摸庫」流程則改為網上進行。從附近的店鋪提供「代客借庫」的服務，可見紅磡觀音廟與區內商

4 張瑞威：〈老香港的節日及風俗〉，《鑪峰古今：香港歷史文化論集二〇一三》（香港：珠海學院香港歷史文化研究中心，二〇一四年），頁二十四至二十八。

鋪聯繫密切，從而為信眾提供便利。

二、紅磡觀音廟的社區功能——扶弱濟貧的形式轉變與延續

紅磡觀音廟對街坊而言不但是一個宗教場所，更是學校、醫館、互助會的角色。一九〇二年於廟旁東面加建的「公所」為區內街坊贈醫、贈藥和提供義葬服務。一九〇四年於廟旁西面加建的「書院」則為區內兒童提供免費教育服務。現時「書院」已停辦，保留門前「聲威譬蛋雨皇恩浩蕩統華夷，漸被淨鑾烟教澤覃敷周遠邇」的對聯。早期的觀音廟為紅磡區居民贈醫施藥並提供各種各樣的社區服務，更使居民不必為那個時代下昂貴的教育費用而苦惱，貫徹了觀音菩薩教化眾生的理念。

時至今日，觀音菩薩的善行則由信眾傳承，信眾們延續了觀音菩薩的慈悲心腸，付諸行動貫徹觀音菩薩扶弱濟貧的理念。霍太指，近年紅磡區的店鋪經常受到善心人士的捐款，善心人士會擔心街坊物資不足，因此捐錢給店鋪派送物資給居民，新年期間更有派發褸和紅包給居民，而疫情期間則有派發口罩、酒精搓手液等防疫用品。平日區內店鋪亦會派發飯盒給區內有需要的人士，例如觀音廟對面的齋鋪因有較多信眾捐款，除了每天派飯之餘，更會於每月的初一及十五派米，同時米袋上會寫有善心人士的姓名。而觀音廟斜對角位的食店及曲街棺材鋪附

近的食店等，則只要有善心人士捐款便會派飯。她指捐錢是去觀音廟參拜的善心人士所為，認為善心人士到觀音廟拜神，希望能做些善事，因此會捐錢給附近的店鋪派發日常生活物資，救濟街坊，讓觀音廟成為一個地標，成為一個特色，吸引其他善心人士來此處做善事。同時也與拜觀音的文化有關係，令紅磡區越來越多善心人士做善事。若信眾不來觀音廟參拜並捐錢實踐善德，便未必會有這麼多善心人士聚集，例如附近的北帝廟便沒有如此多類似的善事。區內善心人士的善舉令紅磡區居民每天都有足夠的食物，不必承受忍饑挨餓的苦難。

在筆者的觀察下，紅磡觀音廟至今依然保留十九世紀初期的社區功能，善心的信眾是傳承佛教布施觀的重要角色，他們體現大乘慈悲精神的無畏施功德，更用實際行動鼓勵大眾投身於此項善舉。一九二〇年，太虛法師在廣州作了題為《佛乘宗要論》的演講，對佛教的布施觀作出新的闡發，他指出：「布施有三，曰財施、法施、無畏施。以己之財資人之生，或捐助一切慈善公益皆為財施；宗依佛法，以語言文字教化他人皆為法施；救人之危，拯人於難，或以種種方式使人離於疾病痛苦，皆無畏施。」[5] 紅磡觀音廟的信眾傳承了早期觀音廟財施的內涵，由一九〇二年起觀音廟傳統施醫贈藥的財施之舉及一九〇四年觀音廟設立「書院」以語言文字教化居民的法施之舉，發展至今天的信眾捐獻身外之物，例如錢財、飲食、衣服、用具等，很

5 明成滿：《民國時期佛教慈善公益研究》（安徽：安徽大學出版社，二〇一八年），頁七十九。

左側兩圖｜素食店鋪感謝信徒捐贈以派發飯盒的白板（霍太攝於2022年2月27日）
右側兩圖｜麵包店感謝公眾捐贈以派發麵包的告示（霍太攝於2022年2月27日）

大程度上延續了觀音廟財施的善德。同時紅磡觀音廟為信眾提供了參拜神明的宗教功能，且在區內舉行「觀音誕」及「觀音開庫」等活動，是區內信眾的精神寄託，令信眾能實踐信仰。

三、紅磡觀音廟的宗教功能體現——信仰者的心靈綠洲

受訪者霍太因結婚從一九八七年起搬到紅磡區，而今一直居住在該區，她的信仰和參拜習慣亦是從入伙紅磡區的居所後養成的。霍太是家庭主婦，初時因為她丈夫的母親有拜祖先的習慣，因此她也會每天參拜家中的神臺，後來因搬屋需要將家中的祖先和神明「請走」，但霍太的參拜習慣已經養成，適逢新屋距離紅磡觀音廟路途較近，從此之後便每逢每月初一及十五，只要有時間便會獨自去參拜觀音菩薩，祈求家人平安。[6] 到訪觀音廟時，她會先把水果放在中間放置水果的位置，然後跪求觀音保佑全家平安，最後燒「衣紙」和上香，霍太坦誠地說儀式禮俗皆是隨心的，只要有誠意便可。完成參拜後，她會將帶到廟內供奉的水果帶走食用，一方面觀音廟廟祝也會建議信眾帶走，以免浪費，另一方面霍太認為吃了這些貢品是「吃平安」。[7]

6　林雪怡訪問，霍太（化名）訪談，二〇二二年二月二十二日視訊受訪。
7　林雪怡訪問，霍太（化名）訪談，二〇二二年二月二十二日視訊受訪。

霍太雖然是紅磡觀音廟的常客，但是她從不參與觀音廟最為盛大的活動——「觀音借庫」。霍太指，回想幼時只有與朋友一同前往寺廟求籤時才會參拜，但結婚後，覺得求籤結果會影響心情，不好的結果令自己不安，所以就沒再求籤了。[8]財庫的銀碼象徵觀音給予的運氣和力量，從三萬至十億不等，銀碼越大代表觀音認為信眾來年需要越多運氣和力量度過來年的難關。霍太為免受銀碼的數目大小影響心情，因此不參與「觀音開庫」。再者她指，自己參拜觀音菩薩的主要原因是希望能藉此祈求平安，借庫的意義貌似是借財庫，而她不太需要，因此也沒有必要參與借庫的活動，只需如常每逢初一、十五到觀音廟誠心參拜便可。

在筆者觀察下，霍太延續了丈夫的母親的參拜習慣，在耳濡目染的情況下，堅信參拜神明和觀音菩薩能為家人及自己帶來平定安穩的生活，並建構了自己的信仰及參拜習慣，鞏固了她的信仰，使她更為虔誠信奉神明。她更是有別於傳統百姓「用菩薩時掛菩薩，不用菩薩時卷菩薩」功利的信仰思想，即使不參與最有名的「觀音借庫」活動，也能使內心感受到寧靜和安穩，信仰在長年累月的浸淫之下成為她生活的一部分。她亦明白信奉觀音菩薩需誠心祈求，以及信仰給予她生活上的安全感和信心。

霍太居住在紅磡多年，一直以來風雨不改地前往觀音廟參拜，而且沒有轉換過參拜的廟

8 林雪怡訪問，霍太（化名）訪談，二〇二二年二月二十二日視訊受訪。

宇，雖然她甚少使用紅磡觀音廟的慈善服務，但從她豐富而長久的參拜經歷可知，紅磡觀音廟不只為個別信仰者提供宗教服務，更在紅磡社區中發揮穩定人心的作用，為社區的信眾提供一個可以安心祈福的場地。霍太指，對於會去參拜的居民而言，紅磡觀音廟的地位相當高，同時「觀音借庫」時從晚上起就有很多信眾在觀音廟外排隊等待，信眾聽聞以前二戰時炸彈落在紅磡區，唯獨觀音廟的外觀沒有受損，因此信眾們皆認為傳說的可信性高，認為紅磡觀音廟得觀音菩薩的保佑，十分靈驗。另外，霍太亦指出，疫情前經常有旅行團到訪紅磡觀音廟，例如泰國的遊客會特地買很大份「衣紙」來參拜，他們十分誠心。[9]香火鼎盛的觀音廟有著濃厚的宗教氛圍吸引許多信眾前往參拜和祈福，從訪問中得知，信眾不只限於紅磡區的居民，還包括香港各區的市民，甚至有海外遊客，例如大多數信奉佛教的泰國旅客也會刻意前來紅磡觀音廟體驗漢學佛教的宗教氣息，即使外國遊客也難逃紅磡觀音廟宗教氣息的魅力。

觀音被定義為「全能神」的存在，大眾對觀音信仰的部分出自於功利主義的態度，但從另一方面看，各種靈驗傳說的累積不斷滿足信徒們的心理需求，為他們提供心靈寄託。信眾準備貢品奉獻給神明祈求度過苦難，而神明給予信眾庇護和啟示，這份精神上的交易變相弘揚了漢學佛教信仰及延續信仰的傳承，更是在危難中賜予信眾心靈上的避風港，與「救人之危，拯人於難」的

[9] 林雪怡訪問，霍太（化名）訪談，二〇二二年二月二十二日視訊受訪。

「無畏施」思想相吻合，正正彰顯了觀音菩薩「大慈大悲」的精神。[10] 在大廈林立的都市——香港之中，紅磡觀音廟無疑是為信眾提供了一片精神與心理的淨土，使他們集中精神於彰顯生命的張力，奮力掙扎以求在現實生活中度過苦難、得以平安生活，這份精神上的信念和堅毅是宗教場所——紅磡觀音廟贈予信眾的恩賜。

四、結語——信仰的支持和延續

總結而言，在時過境遷的香港社會，不變的是觀音菩薩所象徵的大乘慈悲精神及佛教布施觀。二戰紅磡區遇襲時，紅磡觀音廟是居民的避難所；在十九世紀時，紅磡觀音廟是學校、醫館和互助會，而從霍太的訪問經歷中可見，紅磡觀音廟在今日和平的香港繼續扶貧濟世，是信眾實踐善德的地方，承襲一直以來「財施」和「法施」的社區功能，信眾更因受到正面的影響而發展出「無畏施」的精神，願意實行更多善舉，對於社區的發展與居民的安定生活功不可沒。從另一角度看，觀音廟作為支撐信仰的宗教場所，對於紅磡區觀音的信眾而言，無疑是信仰的臂彎，而信仰則使信眾內心的不安與煩惱得以平靜，例如霍太每月都堅持到觀音廟參拜，十年如一日只求平安，證明了觀音廟作為宗教場所對該社區內信眾的意義。

10 釋太虛：〈佛乘宗要論〉，《太虛大師全書》第一卷（北京：宗教文化出版社，二〇〇四年），頁一四二。

參考文獻

中文書目

九龍城區風物志編撰委員會（二〇〇五）：《九龍城區風物志》。香港：九龍城區議會。

明成滿（二〇一八）：《民國時期佛教慈善公益研究》。安徽：安徽大學出版社。

張瑞威（二〇一四）：〈老香港的節日及風俗〉。《鑪峰古今：香港歷史文化論集二〇一三》，頁二十一至四十。香港：珠海學院香港歷史文化研究中心

曾燦威（一九五三）：〈本會沿革〉。《一九五三年紅磡三約街坊會年刊》。

鄭健宏（二〇一六）：《西樵觀音信仰研究》。廣西：廣西師範大學出版社。

釋太虛（二〇〇四）：《太虛大師全書》第一卷。北京：宗教文化出版社。

內外兼修通天意，行善救濟為蒼生
——屏山金蘭觀與社區關係初探

梁穎琪、王紹廷、王璇

一、引言

金蘭觀，作為香港道教文化圈中不可或缺的一員，它默默佇立在廣袤的屏山一角，不足一千平方米的土地上香火鼎盛，遠近馳名；與眾不同的法事儀式，返璞歸真的奉道精神，自成一派，在百年間不斷吸引眾人成為壇生，見證了香港半世紀的風風雨雨。直至今日，以「主善為師，貞義禮和」為宗旨的門徒們仍肩負著金蘭觀懸壺濟世的道心，致力於推廣道家養生及修煉文化，提升大眾的體質及心靈健康，取各界人士之善款，回饋於民生之中。而是次的研究將邁入金蘭觀的廟門，追尋這所聖廟與香港社區的種種聯繫，探究金蘭觀在港半百年間所承擔的社會身份及定位。

二、百年歲月，細看從頭

金蘭觀的歷史可追溯到道光十一年（一八三一），呂祖點化金蘭七子，在潮州潮陽縣達濠埠創立金蘭觀，奉祀呂純陽師尊；於光緒二十六年（一九〇〇）在帝帽山設聖廟；金蘭觀的壇旨為「主善為師，貞義禮和」，即是以行善、救濟他人為教義總原則，因此金蘭觀創立後一直奉行施藥、贈醫等善行之舉。在民國二十一年（一九三二），陳濟堂被金蘭觀的名聲吸引慕名而來。其後，陳將軍遵循師尊乩示，減稅收、設孝經科，又創立仁愛善堂，興建養老院、救濟院和學校等公益慈善設施。[1]

後因辛亥革命，中國大陸社會變得動盪不安，眾多人士移居香港，一班至誠篤道之士亦遵循師尊乩示移至香港，崇奉本觀，將道脈得以傳承。他們先於四十年代在九龍城福佬村道設金蘭行宮，但因人事未能集中，未設聖廟。後得師尊乩示，在一九七〇年元朗屏山唐人新村籌建聖廟（即時至今日的金蘭觀），繼續宣揚道德，教化世人，讓更多壇生得悉天意。[2]

金蘭觀曾名「金蘭天壇」，其最引以為傲的特色，便是扶乩。金蘭觀是本港少數尚有完整

1 金蘭觀：《金蘭特刊—戊子年三十八周年紀念特刊》（香港：金蘭觀，二〇〇八年），頁八。

2 金蘭觀：《金蘭特刊—戊子年三十八周年紀念特刊》，頁八。

乩部、使用雙人沙乩的道觀。[3] 扶乩是道教用以溝通神明的方式，信徒以扶乩接收仙佛的信息，聽從上天旨意，以實現「喚醒群蒙，拯救蒼生」的大業。扶乩是道教悲天憫人的象徵，也是金蘭天壇所秉持的核心理念。二〇〇〇年，金蘭天壇接收到玉帝聖旨，獲准晉正，二〇〇三年正式更名為金蘭觀。雖名牌更替，但金蘭觀仍作為政府認可的慈善團體，所有成員皆為義工，沒有人從中獲益一分一毛。如同扶乩之本意：「作為上天在凡間的窗口，代天傳語、下達訓文」，如今的金蘭觀承接先人救世的理想，融匯於一言一行當中。

三、救急扶危，博濟大千

「學道必先明健康之道」。金蘭觀追隨其信奉的師尊呂純陽救濟他人的精神，以及遵循師尊乩示，立觀以來一直奉行施藥、贈醫等社會公益事業。金蘭觀自成立後，一直展開義診濟世的活動。金蘭觀早於一九四二年就乩示贈藥的善舉，即便早年因資源匱乏，未能設醫務部，但

3 扶乩也有分為單人乩、雙人乩和多人乩。而金蘭觀採用較罕有的雙人乩，這個扶乩須有五人操作，二人為乩手，一正一副；一人為平沙；一人為報字；一人為錄文。扶乩進行時，正副乩手分別站在左右，閉目存神，輕扶持著繫有柳枝筆的筲箕，當神明降臨時，乩筆就會滑動，在沙盤上逐字寫出神明的天意。而報字員讀出神明的天意，再由錄文員記錄下來。參見金蘭觀：《金蘭特刊—戊子年三十八周年紀念特刊》，頁十一。

仍傾力為之，盡量使用中土成藥為患者提供便利。[4] 而自金蘭觀搬遷到元朗後，因為有固定的場所，金蘭觀的義診濟世活動開始變得機構化和規模化。二〇〇二年，金蘭觀遵循師尊乩示開設醫務部，向市民提供義診服務。除本港外，金蘭觀對內地同胞亦數次伸出援手，四川汶川地震時期，主席趕赴災區，與當地同道會共同運送物資並親自派發，通過行善間接宣揚金蘭觀，傳播道門的慈悲大愛至五湖四海。另外，金蘭觀與時俱進，積極吸引西醫的優點和先進的醫療器械用以發展和改良金蘭觀的藥方及軟硬設施。[5]

「上醫治未病，無病則強身健體」。金蘭觀融滙中醫理念，為使市民可以對疾病防範於未然，定期舉辦靜坐氣功班和德育課程，通過內外雙修，動靜雙修的修行方法，使善信身心和諧，強身健體。[6] 氣功班分為初班，中一班，中二班，由資深氣功導師教授。而氣功班主要教授動態的氣功和靜坐養氣保神之功兩個部分。在內容上，除了氣功班有動功、修身和靜坐之講義之外，也有練習讓學員在實踐中學習，因此氣功班理論與實踐並重，同時兼顧學員的健康與心靈。[7] 於各區開設氣功班、丹道班。從一開始只有幾百人，到至今已教授超過八千多名學徒，使金蘭觀家

4 金蘭觀：《金蘭金禧特刊——庚子年五十周年誌慶》，頁一四三。
5 陳進國：〈濟度道教的發展與信仰位育實踐——以香港金蘭觀為例〉，《宗教人類學（第五輯）》，北京：社會科學文獻出版社，二〇一四年，頁一六八至一六九。
6 陳進國：〈濟度道教的發展與信仰位育實踐——以香港金蘭觀為例〉，頁一六七。
7 陳進國：〈濟度道教的發展與信仰位育實踐——以香港金蘭觀為例〉，頁一七五。

喻戶曉，眾多學員介紹金蘭觀的氣功班給親朋戚友。而不少壇生是透過它們的活動皈依金蘭觀。[8]二〇一五年，由金蘭觀整理出版，囊括道真道長數十年心血的《道真道長修真經》問世，金蘭觀毫無保留地向大眾公佈門下「秘籍」，以圓道真道長的宏願。書中內容由淺入深，從講呼吸、談靜養的日常修行，至哲學探討、經文註解，不僅有傳統陰陽學說，還引入現代科學輔助說明。內容正中如今港人心靈上的空虛，[9]同時使瀕臨失傳的修身之道傳承下來，如同金蘭宗旨所記一般，金蘭觀不拘束受眾，只要相信道教，樂於參與便「無任歡迎」。

四、反璞歸真，負重前行

香港是一個國際商業，貿易和金融樞紐，不僅為海外投資者提供開拓中國大陸市場的商機，更協助中國大陸企業發展國際業務，因而對經濟的發展額外注重。在這大時代之下，金蘭觀仍堅持簡樸清貧，凡事遵循師尊指示實行，即以樸實無華的模式運作觀。正因為這樣金蘭觀經常是入不敷支，壇生通過籌辦各類的盛宴活動以籌集資金，用於觀的日常開支。而金蘭觀每

---

8 金蘭觀：《金蘭金禧特刊—庚子年五十周年誌慶》，頁六十二至六十五。

9 香港道教金蘭觀《道真道長修真集》編輯小組，《道真道長修真集—金蘭觀祐行主席修真講義》，香港：金蘭觀，二〇一五年。

年的經費大約是一百五十萬，但每年的善款只有七八十萬，經濟負荷相當大。[10]

快節奏的生活使得金蘭觀扶乩儀式大受波折，原本扶乩在寅時（即凌晨三時至五時）進行，但由於香港人的生活節奏緊張、工作繁忙，眾多港人都要工作至深夜，導致他們休息時間甚少。若在寅時進行扶乩儀式，從而加重他們的精神負荷，將影響法事過程的表現，導致神人的溝通較差，未能充分地接受各神明的教化，因此扶乩法事時間由原定的寅時更改為巳時（即上午九時至十一時）。此外，金蘭觀所在的位置較為偏僻，從市區前往該地的公共交通選擇較少，加上此時的公共交通工具已經停運，因而前往甚為不便。正因港人繁忙的生活模式和交通工具營運時間，金蘭觀無奈調整法事時間，讓壇生以飽滿的精神學習道教真諦。

更為雪上加霜的是金蘭觀的受眾人數日益縮減，近年金蘭觀的義診倍受打擊。香港對傳統中藥成藥配製的管理愈加嚴格，金蘭觀根據乩示開設的中藥配方受到了嚴格的限制，未經註冊中藥配方是無法派贈。此外，香港仍以西醫為主流。因此，他們的義診一直得不到關注，每日義診只有寥寥數十人。[11] 金蘭觀開設氣功班亦有影響。為使更多人擁有健康的體魄，金蘭觀於各區開班教學，他們主要的授課地點是體育館，皆因它能容納較多的人士。但是各區的體育館需要預約，所以金蘭觀無法確保場地的穩定性，導致氣功班無法定期舉行，而且課期也不固

---

10 梁穎琪訪問，方先亦訪談，二〇二二年七月二十三日於金蘭觀受訪。

11 陳進國：〈濟度道教的發展與信仰位育實踐——以香港金蘭觀為例〉，頁一七〇。

定。[12]除場地預約上有阻礙，其吸納的群眾多為年老一輩，年輕人士甚少，因而在傳承上亦面對挑戰。時下年輕人主張享樂主義，追求玩味有趣的生活，享受其帶來的快感；加上這個物質豐富的時代，他們選擇玩樂的方式比以往更多元化，為嘗試更多，他們可能中途放棄而嘗試其他新事物。而學習氣功相對而言較為平靜，需要學習者持之以恆和刻苦的練習，若以他們的待事方式，可謂事倍功半，甚至一無所有。

不僅是年輕人，在任何年齡層中吸納新的受眾都是一個難題。由於大部分的人追求豐盛的物質，讓自己的生活更加舒適，從而多數選擇高薪厚職的工種，使自身能早日實現美夢。而金蘭觀主張清貧純樸，隱居山林之間，所有服務觀的壇生都是義務工作，以傳承觀的精神；但這種反璞歸正的追求，對於多數香港人而言是較難實踐，因本港的經濟壓力非常大，導致許多人士只注重經濟層面，而忽略精神層面的關注。

五、勸人一世用口，化人百世以書

香港生活指數歷年來都蟬聯榜首，港人重視個人的經濟發展，小至兒童的教育灌注，大至就業的選擇。而金蘭觀所追求的不是物質上的充裕，而是精神富有。其主張與當今社會有別，

12 金蘭觀：《金蘭特刊——戊子年三十八周年紀念特刊》，頁七十九。

導致同類型的宗教團體難融入社會，越來越少人認識，而逐漸被淘汰。

正正因為生活壓力甚大，港人以玩樂的方式釋放壓力，就如四周旅行或享受豐盛的大餐，追求肉體上的滿足，而非精神上的昇華。而金蘭觀這些宗教團體，提倡修身養性，通過打坐或其他相近的模式，更多地關注自身的需要，從而更好地認識自己，與消費主義背道而馳。習慣節奏急速的港人，在打坐時往往不能夠集中精神，甚或覺得無聊，因而極少數人士主動參加打坐甚或宗教活動。

但正因身處於如此浮躁的環境下，才更需要一片綠洲滋潤乾涸的心靈。本文所訪問的金蘭觀壇生方師兄，入觀十二年，現為退休人士。他曾是一位美國上市公司的亞太區主管，帶領八百多人，營運著幾千億的生意。以前他出差無論去哪個國家，至少兩三個人跟著。性格上，他比較急躁以及對別人要求很高，無論用甚麼方法，都要把他所要求的事情做好。皈依後，他的性格發生很大的轉變，他變得不再急躁以及對別人不再刻薄。另外，他的生活也發生很大轉變，他退休後全心投入觀中服務，會擔起掃地、倒垃圾等看來低微的工作；他為遵循金蘭四經的五戒不殺生而嘗試吃齋。又為方便回本觀工作，他還移居至元朗，[13]並全身心投入金蘭觀服務社區的事奉。

13　梁穎琪訪問，方先亦訪談，二〇二二年七月二十三日於金蘭觀受訪。

近年金蘭觀不單透過社區活動與大眾聯結，還會協助教育工作。據方師兄所說，近幾年，不少大學生因修讀課程需求，故需到訪一些宗教場所，部分學生選擇到金蘭觀體驗氣功和研究金蘭觀的歷史和扶乩。例如香港中文大學、樹仁大學、浸會大學和香港能仁專上學院的學生等等。香港大學亦開辦了通識課程「靈性、宗教和社會變遷」（Spirituality, Religion and Social Change），修讀課程的同學在學期內需要參觀金蘭觀兩次。這些學生事後回應普遍正面。學院及學生們認為這個課程有助學員對道教有基本認識，並透過金蘭觀了解道教傳統教義和道教氣功，亦有助消除他們對道教等宗教的刻板印象。[14]

除去對社區的關懷，金蘭觀的存在本身還是市民們了解香港公眾史、宗教史的範本之一。綜觀建觀五十餘年，在動盪的局勢下，金蘭觀是尋求安撫治癒之所，在安穩的日子中，金蘭觀是追尋養生之地，它不僅是香港歷史的見證者，還是參與者，而最為重要的是，金蘭觀樂善好施的形象輻射四方，塑造了當地社區的文化氛圍，建構起來周邊居民的集體回憶，這也是金蘭觀之所以能在物慾橫飛的年代中安生立命道的根本。

在新冠疫情期間，為拉近與市民之間的距離並順應現代人的生活習慣，金蘭觀利用網站上傳專題講座與素食製作教程影片，前者由數位永遠名譽會長親自主持，從疫情下的香港到經書

14 金蘭觀：〈港大學生來訪及感謝信〉，金蘭觀網頁，https://www.kamlankoon.com.hk/2016/Activities2016/HKUvisist0824/hku_visit.php，二〇二二年十二月二十九日讀取。

圖解，題材豐儉由人，內容平易近人。而後者以節氣節日為主題，短短幾分鐘內便將一道道易於上手、材料簡單，但又營養豐富的素食佳餚呈現在觀眾眼前。雖直至截稿時，金蘭觀的關注量和影片點擊量相較其他道教頻道並不算突出，但這些努力也證明了金蘭觀走出傳統思想，積極追隨時代潮流的景象，是金蘭觀藉由新興媒體走出觀門，步入市民家中的一次大膽嘗試。

六、結語

呂祖點化金蘭七子，在潮州潮陽縣達濠埠創立金蘭觀，奉祀呂純陽師尊。其信眾一直以雙人扶乩接受各神明的教化，又一直遵循師尊乩示，奉行施藥、贈醫等善行之舉。金蘭觀轉至香港，延續其道脈和繼續公益慈善活動，回饋社會。近年來金蘭觀的公益慈善活動雖遇上不少的困難，處處碰壁，但經歷了五十載風雨的磨礪，金蘭觀展現出的頑強生命力早已扎根在信眾以及每一位受過恩澤的市民心中，而金蘭觀在過去、現在以及將來，仍會持續作為香港市民的精神支柱默默地佇立下去。

參考資料

中文書目

金蘭觀：《金蘭金禧特刊—庚子年五十周年誌慶》，香港：金蘭觀，二〇二〇年。

金蘭觀：《金蘭特刊—戊子年三十八周年紀念特刊》，香港：金蘭觀，二〇〇八年。

香港道教金蘭觀《道真道長修真集》編輯小組，《道真道長修真集—金蘭觀祐行主席修真講義》，香港：金蘭觀，二〇一五年。

梁穎琪訪問，方先亦訪談，二〇二二年七月二十三日於金蘭觀受訪。

陳進國：〈濟度道教的發展與信仰位育實踐—以香港金蘭觀為例〉，《宗教人類學（第五輯）》，北京：社會科學文獻出版社，二〇一四年。

網路資料

金蘭觀：〈港大學生來訪及感謝信〉，金蘭觀網頁，https://www.kamlankoon.com.hk/2016/Activities2016/HKUvisist0824/hku_visit.php，二〇二二年十二月二十九日讀取。

浮華亂心入廟中，藏埔共融渡眾生
——從大埔慈山寺初探香港佛教之現代

陳晞然、李楊詮瀚

一、引言

二〇一四年十一月的慈山寺季刊《慈山誌》創刊號開首如下：

放眼二十一世紀的大世界，核武擴散、戰亂依然；環境污染、溫室效應加劇；惡疾、空難，以及自然災害頻生……「火宅」中人，苦不堪言。傳統的人生觀、價值觀逐漸剝離；網絡社會的虛擬現實，真偽難辨，是非難決，令本來精神貧乏，心靈空虛的人更加惶惑不安。環顧我們身處的香港，政制、經濟，以至民生都不得安穩。……尋找心靈出路，是廿一世紀最急切的要務！德育和靈育是治標治本的良方，而佛法的真實不虛，正是其中的南針。慈山寺就是以契應觀音菩薩「憫念眾生苦」的慈悲心，實踐利樂有情的弘願，為淨化人心社會而築建。我們亟急社會的苦難，也關愛青年一代的靈性健康。[1]

慈山寺於二〇〇三年動工，歷時十年建造，在二〇一五年正式對外開放。寺廟自落成以來一直致力弘揚佛法及佛學研究，以其背倚八仙嶺，面臨船灣的開揚之勢，廣納四方來客，為營營役役的都市人提供一塊淨化心靈的清幽之地。觀乎慈山寺多年發展，素雅的設計理念、多元的文教活動、適當的社區推廣，固然反映寺方「為淨化人心社會而築建」的本心，更是應了二〇一九年慈山寺園內佛教博物館開幕之時，出資人李嘉誠先生一句：

我們各自要尋求答案，我希望慈山寺能為反思和探求的心提供空間。

驟眼一望，這句說話代表了李先生，乃至院方，希望慈山寺能於社會發揮正面作用的願景。他們期望慈山寺成為亂世間一隅淨土，好讓一個個迷茫心靈到此空間靜心細想世俗的日常。可是轉念一想，心存問題，希望尋求答案的主體真的只有到寺參學之人嗎？

佛教傳入香港逾一千五百年，踏入二十世紀急速成長，由傳統邁進現代，由山林走到都

1 王冰：《慈山誌》（香港：慈山寺有限公司，二〇一四年），頁三。

市，由本地連接國際，過往一百年可謂是本港佛教發展的關鍵。[2]面對世代交替的挑戰，佛教在港也不斷改革自身，與社會潮流並行。於寺院建設方面便可見其革新求變之意：先有一九八九年志蓮淨苑的改造工程，後有一九九三大嶼山寶蓮禪寺和天壇大佛的開光典禮，再有一九九八年荃灣的西方寺重建計劃；慈山寺在這趨勢中壓軸登場，作為全新的佛教道場建設項目，繼往開來。放眼於香港佛教發展的歷史舞臺中，這座各界盡心竭智，耗時費工建造的慈山寺，究竟是如何適應現代化的社會，創造弘播佛法的空間？本文嘗試以口述歷史切入，結合文本及建築群本身，分析慈山寺建築空間和使用，探討香港佛教為回應現代問題所提交的答卷。

二、研究者的煩惱——從口述歷史尋求空間的意義

宗教研究的奠基者尼尼安・斯馬特（Ninian Smart）於一九九八年提出的理論框架「宗教七維」（Seven Dimensions of Religion）將宗教劃分成七個面向，其一就是「物質面向」（Material Dimension），包含器物、藝術、音樂、建築等內容。[3]據斯馬特所言，這些宗教

---

2 鄧家宙：《二十世紀之香港佛教》（香港：香港史學會，二〇〇八年），頁IV。

3 「宗教七維」的其他面向包括實用及儀式面向、經驗及情感面向、敘述及神話面向、教條及哲學面向、倫理及律法面向、社會和組織面向；詳見Ninian Smart, *The World's Religion* (Cambridge: Cambridge University Press, 1989)

的物質形式通常是細緻的、動人的，且對信徒認識神聖而言極為重要。[4]相較其他面向，學界對宗教建築的研究雖未至稀少，但在某程度上確實有所欠缺——相關研究要不是由藝術或建築歷史學家主導，集中討論各大建築的年代特色、建築工法、施工程序等；就是採用符號分析（Semiotic Approach）的方法，將立體的建築物視作文本、「會說話的死物」一般，剖析設計者如何利用某些結構、佈局、材料和裝飾，帶出特定的宗教訊息。[5]前者從技術層面入手，具有一定專業性，亦沒有考慮建築的意義問題，故不在本文的討論範圍內；後者雖有牽涉到建築物與意義生產的過程（Process of Meaning-making）的關係，於筆者看來，卻有一定的局限。一，此法將設計者視作意義生產的唯一來源，權威頂端，忽略了賦予建築物生命活動及實際價值的使用者群體。建築，甚至是宗教建築，通常比其設計者更為長壽，隨著使用群體的遷移和更迭，該建築的意義和解讀方式自然可在不斷的重用、翻修中轉變。符號分析建築的第二個缺點則是，切割部份建築元素，甚或是裝飾圖樣，並討論其宗教或靈性意義，會捨棄了建築物作為有機整體的本質。人們理解和進入建築物的體驗由多個元素互相關聯協調組成，難以拆分，非常複雜，倘若只抽出部份討論，唯恐無法充分展現建築物的個性及對經驗者的影響。歸

4 Smart, *The World's Religion*, p. 21.

5 Oskar Verkaaik, "Religious Architecture: Anthropological Perspectives," in *Religious Architecture Anthropological Perspectives*, ed. Oskar Verkaaik (Amsterdam: Amsterdam University Press, 2013), pp.10-1.

根究底，筆者以為對宗教建築的研究先是不應單單將建築物理解成某種人類思想、概念的外顯和具現，並以此為前設討論其設計者的心思，反而應延伸至人們如何運用空間，空間分配所帶來的衝突，空間如何調解某些問題，及空間如何塑造新的身份和意義。

慈山寺自營建之初便以其龐大的佔地面積，較為僻靜的選址，及仿唐建築風格為人稱道。不少媒體打著諸如「好宏偉，全球第二高觀音聖像」，「儼如置身日本神社！七十六米觀音像／全港唯一佛教藝術博物館」等強調寺院建築特色的標題吸引讀者眼球。連慈山寺也特意編撰出版《建築慈山》一書，紀錄營建伽藍此等莊敬事業。由慈山寺的總體設計依歸，到院落三個主要區域中每一隱含象徵意義的物事都羅列解釋，無一不包，可見大眾和官方的注意力均聚焦在建築物質本身，重視建築氛圍和設計。[6] 然而，若用上述所提的符號分析法了解慈山寺，只怕討論要到此為止。畢竟設計者和營建方已透過《建築慈山》解構自己，內容極盡詳細，外來的研究人員難以置喙，再多描述只會落入重覆述說的境地。

為了嘗試以符號以外的其他角度分析慈山寺，本文將從一位平信徒在慈山寺的體驗出發，以口述歷史為主軸，結合文本及建築群本身，淺探慈山寺建築空間在香港佛教二十世紀發展迄今，扮演著何種角色。筆者邀請了佛教徒陸小姐作訪談，分享她和慈山寺結緣的經過，數次遊

6 何培斌、王冰：《建築慈山》（香港：慈山寺有限公司，二〇一五年）。

覽時所見所聞和活動體驗。陸小姐是一名從事保險行業的中年女士，早於慈山寺落成前，亦即二〇一二年，已住在毗鄰工地的比華利山別墅區。後遷居至黃埔，但仍保留比華利山的物業，偶爾前往別墅作休閒活動。陸小姐第一次與慈山寺結緣於二〇一三年，當時寺廟還屬於未對公眾開放的狀態。李嘉誠先生私人邀請潮州商會的名人予參觀，而陸小姐則隸屬受邀行列之中，因此能成為首批參觀人士。直至二〇二〇年，陸小姐在比華利山業主群組中認識了住戶宓小姐，兩人因佛結緣而志同道合，一起結伴前往慈山寺，參與佛事。陸小姐並非定期前往慈山寺參拜之人，幾次拜訪都是受人之邀。她對慈山寺的建築頗為欣賞，雖然次數不多，印象卻深刻有餘，本次研究有幸邀請到她，正好可藉其了解慈山寺這座年齡較小的寺廟怎樣為自己和受眾塑造獨屬於現代的佛教體驗。

三、現代佛教的形態——從慈山寺的興築探究本地佛教的演化

香港佛教，由來已久。南北朝劉宋年間杯渡禪師短駐屯門，開展了佛教在港迄今逾千年的歷史。只是因地處海濱，遠離中原，華梵僧侶魚貫進出，佛教文化發展起步緩慢，未有廣泛流傳。直至清末民初，中國大陸政局不穩，大量僧侶南移來港避居，始為本地佛教發展帶來契機。由於該段時期的僧侶多為逃難而來，並非志在弘法，故早期香港佛教又以山林佛教的模

式為主經營。[7]僧侶身無分文，加上不願與原有鄉民產生矛盾，只能選擇在昂平、鹿湖等深山密林間駐紮隱修，實行農禪，自給自足。[8]這些山林中的道場散落於香港邊陲各處，規模少，通常為精舍靜室。他們雖然對佛教規律亦未有設立嚴格準則和制度，但對日後本地佛教的格局有著深遠影響。

踏入二十世紀，香港佛教受到內外不同因素推動，在全港各地，特別是市區裡迅速掘起和傳播。一方面，當時的本地華人勢力抬頭，不少團體和社會賢達帶頭舉辦佛教活動。他們正身處英治殖民和中國新舊政權交替的時代，或本著保存傳統文化的想法，或出於心靈慰藉的需求，出資興建市區道場，籌辦大型且新穎的佛教活動，凝聚信眾。[9]另一方面，中國大陸的佛教改革浪潮亦推波助瀾，令一些僧侶四出講學，來港弘法。其中有受到本地居士邀請出席活動的太虛大師等佛教領袖，也有如寶靜法師（香海蓮社）等在港設立分院的大德，生氣蓬勃。戰後多個團體和設施如雨後春筍湧現，在慈善、國際交流及教育方面都有作出貢獻，使受到戰火摧殘的香港社會重新振作，佛門復興。可以說，除去兩次世界大戰及日治的黑暗時期，二十

7 鄧家宙：《香港佛教史》（香港：中華書局，二〇一五年），頁五十七至五十八。
8 高永霄：〈香港佛教源流〉，《法相學會集刊》（香港：佛教法相學會，一九九二年，第三輯），頁九至十三。
9 鄧家宙：《香港佛教史》，頁九十九。

世紀的香港佛教發展理想，日益廣大，茁壯成長，深入社會。

時至今日，佛教對香港社會依然具有一定影響力。經過上述的種種變化後，佛教在港的情勢和面貌大致成形，其中最為明顯的特徵就是山林佛教和都市佛教兩種營運模式的存在。學界為數不多的當代香港佛教史學著作中，以鄧家宙博士於近年出版的《香港佛教史》尤為突出。在此書中，他綜述了全港佛教流派歷史、佛寺興建和維護、不同佛教刊物發行、各類活動內容以及僧侶履歷。回顧本港佛教的歷史軌跡後，他指出本土佛教多年來一直以城郊並行的雙線模式發展：

> 傳統寺院選址於郊外，因遠離市區，生活條件局限了發展模式，形成偏向隱修的山林佛教，後來的登高遊寺消閒文化，以至大嶼山佛教叢林的旅遊生態等等，實在與地區有直接關係。另有部份大德，以市區交通便捷，人口密集，弘法效最為深廣，特於市區興辦道場，並提供各式服務，推動了本地都市佛教的起步，為日後的蓬勃發展奠下基礎。[10]

由此可見，山林佛教和都市佛教以地理位置為界，在不同的活動中心和影響範圍內各出法寶，各有千秋，為香港佛教出一分力。若接受了這一設定，本文要討論的慈山寺在眾多寺廟中就顯

---

10 鄧家宙：《香港佛教史》，頁三一六。

得頗為獨特了——我們無法將其輕易歸類到山林或都市的框架之內。雖然它選址也是在大埔郊外，遠離市區，發展模式卻未有受地理位置局限，反而更似都市佛教，興辦各式文教活動，吸引大量市民到訪。如果該寺帶給訪客的體驗既非山林一類，又非都市一類，那麼它實質上是如何運作呢？究竟原理為何？以下，本文將探討慈山寺這座成立年份較晚，寺齡較少的佛寺在本港佛教的現代化進程中，呈現出有別於城郊二分以外的第三種型態。

（一）是山林又非山林的寺廟環境

對處於山野的寺院而言，最大的限制便是位置偏遠，交通不便，難以接引信眾，維持寺方經濟，繼續發展。部份在新界等地的佛寺因無法調解這個硬體問題而先後沉寂，燈火漸弱。然而，有少數的寺院則另闢蹊徑，在時代的洪流中得以保留下來，而大嶼山寶蓮寺就是一個成功的個案。寶蓮寺是禪宗法脈，最初名為大茅蓬，由大悅，頓修及悅明三位法師於一九〇六年到昂平建立。至一九二四年正名為寶蓮禪寺，其後持續擴建，院內設有多座佛塔及堂室。六十年代末，寶蓮寺的法師出席國際佛教活動，參訪世界佛教名勝，其中從臺灣的彰化大佛和日本的鎌倉大佛引發構思，擬於寺前興建天壇大佛，供香港市民朝禮瞻仰。此一計劃獲得政府及各界支持，終於在一九九三年落成，成為香港的重要地標，支撐起寺廟的營運。另一例子則是荃灣三疊潭的西方寺。此寺於一九七三年建成，且在一九九八至二〇〇四年間進行了大規模重建。

經翻修後寺內具備各種建築，均以仿古風格興建，旁邊山坡亦建了名為「觀音山文化博覽區」的園林，布滿觀音刻經、浮雕及立像，是為寺院一大特色。上述例子反映了郊區寺廟透過擴建園區，增設具象徵意義，或話題性的建物，達到推廣和宣傳的目的。

慈山寺作為全新的建築項目，不像其他寺院受到原來地段和鄰近地區發展限制，可自由選址，由零開始；雖然它位於八仙嶺山林之中，卻無損善信前來參學的意欲，原因與其設計和自身定位有很大關係。首先，慈山寺的佔地面積極大，共有五十萬平方呎，可利用的空間變多，使寺廟規劃自由度更高。其次，寺院群落中有大量別具深意的特色設計，不論設計者是否有意為之，我們亦能從中看到其他山林寺院的影子，使諸多善信慕名來訪。最明顯的例子莫過於從吐露港對岸都能看到的，共七十六公尺，全球第二高的白衣觀音。《建築慈山》一書中提到的仿唐風格和園林景觀，亦在某程度延續了郊區佛寺為了降低寺院地理位置產生的不便而作的調整。

種種元素結合，便生成了一種似山林又非山林中，既隱閉又開放的獨特體驗。陸小姐於言談中多次稱在慈山寺參拜的經驗十分「舒服」，並將此感受歸因於寺廟的園林景色及「樸素」、「莊嚴」、「虔敬」的空間感受。[11]相比起志蓮淨苑等身在市區的寺院，慈山寺背山

11　陳晞然，李楊詮瀚訪問，陸小姐訪談，二〇二一年二月八日視訊受訪。

抱海的優越地理多了一份空曠清靜之感。除此之外，寺方嚴格限制入場人數，要求遊園人士先預約登記，更加強了佛門清淨的山林意趣。於是，站在園內，感受到兩側山丘綿延起伏，吐露港的美景盡收眼底；陸小姐尤其記得前往寺院名勝觀音大像沿途的杜鵑花和羅漢松，步道左右相迎的植物為參訪者在敬拜大像前提供了一處過渡空間，邊遙望著觀音像的龐然體量，邊踱步於通往智慧的道路，使行人去卻塵勞，長養淨心。[12] 在訪問的最後，陸小姐更鼓勵筆者造訪慈山寺，親自感受寺廟魅力，觀看各種「值得看」的建築物。[13] 從此看來，慈山寺的建物和相關管理政策發揮了雙重作用——一方面按陸小姐所言，隔絕了凡俗喧鬧，頗有尋幽探秘之感；另一方面其精心打造的園區又成為寺廟一大「賣點」，以社會大眾為目標，吸引訪客主動前來。無論是從遊客或寺廟角度出發，慈山寺這種在山林又非山林的環境都能滿足其需求，取得平衡，可謂是頗理想的模式。

（二）是都市又非都市的活動空間

香港的都市佛教以港九市區的道場精舍和各類佛教社團為代表，活動彈性多元，動員能力強。二次大戰後香港社會百廢待興，本地佛教亦然。其時，諸如香港佛教聯合會、金剛乘學會

12 同上。
13 同上。

等新興的市區道場和機構相繼湧現，傳統的法事移師至市內舉行，一系列配合都市人生活而舉行的新式活動亦應運而生。五十年代，東華三院就曾幾次在銅鑼灣南華體育會舉辦平安法會、水陸法會，誠請多位高僧主持。為滿足大眾對認識佛教的渴求，中華佛教圖書館於界限街落成，供人借閱典籍，不定時邀請佛學家通俗演講，兼為出版社出版佛教經書。這時候的其他佛教活動以市區為中心，符合現代人的生活，包括舍利展覽，佛教星期班，開設診所和學校，模式多樣，為日後的佛教發展奠下了重要的基礎。六十年代以後的本地佛教都市弘播形式亦大致相同，循傳統事務，文教及社會活動，宗教交流等幾線發展。

慈山寺擁有都市佛教的生氣，融禮佛、佛教文化推廣於一體，在空間使用上因應現代人需求發揮多重功能。主佛殿區中的彌勒殿和大雄寶殿是寺廟的基本儀式空間。陸小姐說道她於二〇二一年在慈山寺參與過不同佛事，包括寺廟不同節日而舉行的法事，參加者中包括社會各界人士，亦不乏城中名人。[14]在清明節所舉行的思親考親法會及盂蘭法會，陸小姐都有親身參與，捐錢行善，累積福報。除了傳統廟宇的基本設置外，院內還設有佛教藝術博物館，館內收藏了大量李嘉誠於世界各地收集而來珍貴佛教造像及文物，展品選材既呈現佛教三大傳承（漢傳、藏傳、南傳）的融合，按陸小姐所說是大開眼界，增廣見聞。[15]雖然她到寺的目的

14 陳晞然，李楊詮瀚訪問，陸小姐訪談，二〇二一年二月八日視訊受訪。

15 同上。

多是拜佛及參與法會等傳統佛教活動，對寺內其他新穎的活動亦有所耳聞。循陸小姐提供的方向，筆者在搜集資料時發現寺院多年來舉辦過的活動種類繁多，除了有定期的拜佛修持、法會、禪七、佛誕、講經及菩薩慶祝等與學術機構合辦的公開課程和講座等公眾教育活動，亦有巧克力禪、書畫禪等供一般市民參與的體驗類活動。這些活動內容及形式上的多元化顯示其建築空間絕大部份是開放予普羅市民，歡迎不同年齡層和使用群體，用途靈活可變，吸收了都市佛教活動的優點。

再者，部份慈山寺活動充份利用自身條件，藉網路及其他媒體等多種途徑，超越一般都市的佛教活動。譬如說寺方二〇二一年推出的「慈森。山林療癒」修持活動，該活動以日本「森林浴」的概念，鼓勵人們積極漫步森林，以達放鬆身心之效。慈山寺的森林療癒陪伴員，受美國自然及森林治療嚮導及計劃協會認證，引領參加者感受鳥語花香，將自身交託於盎然綠意，覺察一草一木，世間萬物的真實佛意。此類活動似與城市無關又有關——客觀上難以在鬧市裡進行，實際上直指現代人心靈健康，舒緩都市緊張生活帶來的精神壓力。其他如線上音樂會，線上抄經，《願。會更好》線上祈願的例子甚至顯示了打破現實的界限，延伸至網路世界，建構了一個似都市又非都市的活動空間。

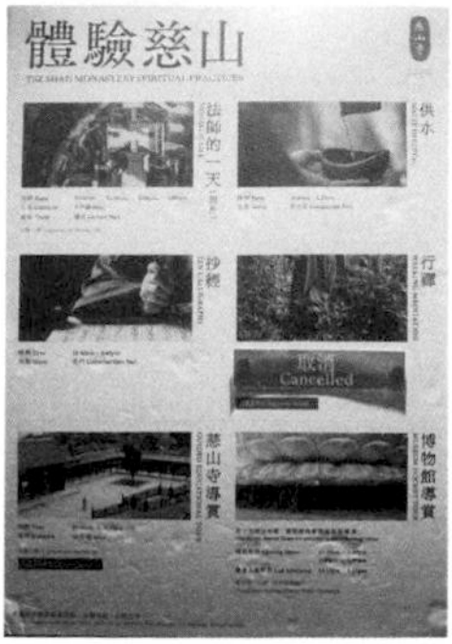

上｜慈山寺佛教藝術博物館正門外，館內不准拍攝。博物館位於觀音像底座，分上下兩層，展品眾多。參觀者進門時會受邀觀看一則介紹短片，再進入主展區，依次欣賞尊者、四大天王、羅漢、菩薩的造像，最後則是各種佛像。（筆者攝於2023年1月10日）

中｜《願。會更好》線上共修活動主頁（筆者擷取於2022年12月28日）

下｜慈山寺供一般人士參與的恒常體驗活動。（筆者攝於2023年1月10日）

①｜③
②｜④

① 觀音像前的「慈悲道」。觀音垂眸微笑，十八棵羅漢松夾道相迎，參學者敬終慎始，可到像前水盂誠心供水。（筆者攝於2023年1月10日）

② 大庭院彌勒殿往後的建築群全景圖。最左較矮小的建築為藏經閣；樓梯之上為大雄寶殿；最右為通往白衣觀音像的普門。（筆者攝於2023年1月10日）

③ 柳暗花明又一村，長途跋涉到達慈山寺正門外，只見群霧繚繞，寺院若隱若現，有佛門清淨的山林意趣。（筆者攝於2023年1月10日）

④ 從另一角度拍攝的普門及白衣觀音。（筆者攝於2023年1月10日）

四、結論

本文將慈山寺置於香港的歷史文化語境中，展示了它在本地佛教發展中承上啟下的角色。它吸收了山林和都市佛教的特色，取長補短，在原有的模式上加以創新和改良，是為本地佛教在現代的新型態。至於這個新型態的詳細演化過程、機理和可複製性，因受篇幅及資料所限，恕本文無法明確定義。依筆者拙見，未來有關慈山寺或其他佛寺的研究，可從建築物設計者、使用者、信眾、僧侶、遊客、政府機關、路人鄰居等多個持份者入手，了解建築物是由何種推力和潮流塑造，又如何影響不同的人們。幾個可考慮的研究方向包括：佛寺是否或如何反映和改變某種對佛教的集體想像（Buddhist Imaginaries）；梵宇的經營是否或如何反映宗教世俗化（Secularization）和商品化（Commodification）的趨勢。如果有，那麼本地佛寺的成長模型與其他亞洲地區的異同與獨特性又為何？這些研究方向或許能豐富相關文獻和論述，幫助學者及有志人士掌握本地佛教較為完整的面貌。

總括而言，宗教建築的生命活動和意義不單獨由設計者主宰，更重要的是來自於人們如何運用該空間、空間運用所帶來的衝突、空間如何調解某些問題，及空間如何塑造新的身份和意義。本文嘗試以大埔慈山寺這座較為新興的寺院群落為題，了解一位平信徒在其建築空間內的體驗，淺探寺院在香港佛教百年歷程中所扮演的特別角色，以及寺院應對各種現代化挑戰和機遇的方法，進而展示宗教建築其他研究面向的可能性。至於慈山寺之後的發展和影響，則要留待歷史的見證。無論是個人，香港佛教整體乃至於研究者，各自都需尋求答案，慈山寺恰好為所有反思探求的心提供了空間。

參考資料

中文書目

王冰：《慈山誌》，香港：慈山寺有限公司，二〇一四年。

何培斌、王冰：《建築慈山》，香港：慈山寺有限公司，二〇一五年。

何建明：《人間佛教與現代港澳佛教》，香港：新新出版公司，二〇〇六年。

高永霄：〈香港佛教源流〉，《法相學會集刊》（香港：佛教法相學會，一九九二年，第三輯）。

鄧家宙：《二十世紀之香港佛教》，香港：香港史學會，二〇〇八年。

鄧家宙：《香港佛教史》，香港：中華書局，二〇一五年。

釋衍空：《正覺的道路》下冊，香港：香港佛教聯合會，二〇〇五年。

英文書目

Bruntz, Courtney, and Brooke Schedneck. *Buddhist Tourism in Asia*, Honolulu: University of Hawaii Press, 2020.

Jerryson, Michael. *The Oxford Handbook of Contemporary Buddhism*. Oxford Academic Online.

Smart, Ninian. *The World's Religion*, Cambridge: Cambridge University Press, 1989.

Verkaaik, Oskar. *Religious Architecture Anthropological Perspectives*, Amsterdam: Amsterdam University Press, 2013.

Wing, Sherin. *Designing Sacred Spaces*, New York: Taylor & Francis, 2016.

古神新貌育靈性，東西交融共傳承
——香港社會中的ISKCON

馮鑫燊

一、ISKCON的背景

國際奎師那知覺協會，英文名為 The International Society for Krishna Consciousness，簡稱ISKCON，源於一九六六年的哈瑞奎師那運動（the Hare Krishna movement），由A. C.巴克提維丹塔・斯瓦米・帕布帕德（A. C. Bhaktivedanta Swami Prabhupada）所創立，在他六十九歲時（一九六五年）隻身從印度到美國，將奎師那信仰（Krishna Consciousness）於西方廣傳，一年後（一九六六年）於紐約正式創立 ISKCON，[1]哈瑞奎師那運動視奎師那（Krishna）為主要崇拜，[2]主張清苦生活方式、素食主義、向奉獻奎師那（Krishna）及唱誦「Hare Krishna」

1 E.B. Rochford, *Hare Krishna in America*, (New Jersey: Rutgers University Press, 1985), pp.10-12.

2 「奎師那（Krishna），為印度教主神中的守護神——毗濕奴（Visnu）的十個化身之一，印度教徒相信毗曼陀羅（Mantra）為精神啟蒙的方式。[3]

二、香港的 ISKCON

七十年代時，哈瑞奎師那運動逐漸傳至本港，[4]後於一九八一年一月正式於香港註冊並設立中心，[5]現設於尖沙咀漆咸道南二十七號海景大廈六樓，向普羅大眾推廣印度韋達經典、[6]派發素食、傳播靈性知識及靈性修習，致力於建構一個具靈性教育及促進團結與和平

濕奴透過化身拯救宇宙萬物，其化身既可為人，又可為動物。奎師那，皮膚天生藍黑色，祂具有神通同時又帶人性化的一面，兒童時期就很調皮，長大後精於吹笛，眾多牧羊女崇拜奎師那，當中一位名為拉妲（Radha）成為祂的愛侶，二人故事更成為印度傳統繪畫的題材。」張隆盛：《看見野性印度》，（臺北：釀出版，二〇一八年），頁二二九。

3 Ibid, pp.305.

4 Beyond The Boundaries, "International Society for Krishna Consciousness of Hong Kong 50th Anniversary Celebration December 25 & 26, 2020". From https://www.btbmagazine.com/international-society-for-krishna-consciousness-of-hong-kong/, retrieved from 24-11-2021.

5 「據香港公司名錄，國際奎師那知覺協會（ISKCON）於一九八一年一月十六日正式以有限公司方式於本港註冊，於本港已有三十多年的歷史。」HK Company Directory：〈國際奎師那知覺協會香港有限公司（CR NO. 0092095）〉，取自https://www.tempb.com/companies/iskcon--international-society-for-krishna-consciousness-of-hong-kong-limited/，24-11-2021擷取。

6 「韋達經典（Vedas），又名《吠陀》，韋達於梵文意指『知識（Knowledge）』，是婆羅門教及現代的印

的社群。[7]

三、ISKCON（香港）的建築特色

香港ISKCON中主要分成三部分，廟堂、瑜伽場地及煮食場地。ISKCON的廟堂供奉奎師那（Krishna）及拉妲（Radha）（見篇末圖1），兩名神像雖貌似類同，若仔細觀看即可看到兩者膚色有所不同，略帶藍色的為奎師那（Krishna），而呈肉膚色的則為拉妲（Radha），神像服飾更需定時更換。每日更有六次崇拜儀式，分別為早上四點半「吉祥燈儀」（Mangala Aarti）、早上七點半「早晨燈儀」（Sringar Aarti）、中午十二點整「正午燈儀」（Rajbhog Aarti）、下午四點半「下午燈儀」（Dhupa Aarti）、下午六點半「黃昏燈儀」（Sandhya Aarti）及晚上八點半「睡前燈儀」（Shayana Aarti）。[8]

度教中重要的經典，韋達經典有四：《梨俱吠陀》（Rigveda）、《夜柔吠陀》（Yajurveda）、《娑摩吠陀》（Samaveda）、《阿闥婆吠陀》（Atharvaveda）。G. Flood, *An Introduction to Hinduism*, (Cambridge: Cambridge University Press, 1996), pp. 35-39.

7 國際奎師那知覺協會（香港）：〈國際奎師那知覺協會（香港）〉，取自https://zh.iskconhk.org/，24-11-2021擷取。

8 國際奎師那知覺協會（香港）：〈廟堂神像Sri Sri Gaura Nitai〉，取自https://zh.iskconhk.org/events/darshan-times，24-11-2021擷取。

Hare Krishna的曼陀羅（Mantra）[9]

Hare Krishna, Hare Krishna,

हरे कृष्ण हरे कृष्ण

Krishna Krishna, Hare Hare

कृष्ण कृष्ण हरे हरे

Hare Rama, Hare Rama,

हरे राम हरे राम

Rama Rama, Hare Hare

राम राम हरे हरे

崇拜儀式中，信徒們會一同吟誦 Hare Krishna 的曼陀羅（Mantra），曼陀羅源於梵文經文，由印度教神祇的名字及其能量所組成。以八句重複的梵文曼陀羅吟誦，配以音樂伴奏。

ISKCON 的瑜珈場地位於廟堂的別室，場地能夠容納多於三十人，日常作為舉辦活動的場地，如冥想課程、瑜珈練習等。[10] ISKCON 致力推廣八重瑜伽，恆常舉辦瑜伽練習及梵音冥

[9] E. Bryant, M. Ekstrand, *The Hare Krishna Movement: The Postcharismatic Fate of a Religious Transplant*, (New York: Columbia University Press, 2004), pp.14.

[10] 國際奎師那知覺協會（香港）：〈曼陀Mantra冥想〉，取自https://zh.iskconhk.org/activities/mantra-

想活動，向廣大市民推廣瑜伽的好處，同時讓更多人認識 ISKCON。

ISKCON 的煮食場地，主要用作為信徒及普羅大眾於週末烹調素食（見圖 3），每逢週日晚上皆會舉辦靈性聚會，聚會是對外開放的，任何人士，不論信仰皆能參與，當中活動包括唱誦 Hare Krishna 的曼陀羅，提供素食，公開講課及冥想活動，費用全免，藉此建構和平及促進團結的社群，將 ISKCON 的理念廣傳。[11]

四、口述歷史下的香港 ISKCON

筆者欲藉口述歷史方法，將 ISKCON 鮮為人知的一面呈現給讀者，故下文將以 ISKCON 平信徒——Lila 訪談內容為撰文核心，配以二手資料輔助，就三方面進行論述，一：ISKCON 在香港社區的情況、二：ISKCON 下的香港排燈節、三：ISKCON 下的香港街頭點燈節，將其於香港盤根的發展點滴重現。

meditation，24-11-2021 擷取。

11 國際奎師那知覺協會（香港）：〈週日晚間聚會〉，取自 https://zh.iskconhk.org/events/sundays，24-11-2021 擷取。

五、平信徒 Lila 的背景

Lila，香港中文大學畢業生，現為 ISKCON 的活躍成員，由二〇一八年開始全力於 ISKCON 參與服務，不少外展活動她亦有所參與，讓更多人認識到 ISKCON 奉愛瑜伽的文化。她與 ISKCON 的緣分始於二〇〇七年，她於校園內修讀了印度文化相關的科目，便漸對其產生興趣，後於二〇〇九年初次到訪 ISKCON，和會眾閑談後萌生了聽課看書的想法，便開始參與 ISKCON 的活動，更轉為素食及進行冥想與念誦的修習，至今依然身體力行推廣 ISKCON。

六、ISKCON 在香港社區的情況

ISKCON 於社區的情況，可分為內外而論，就信徒內部架構而言，ISKCON 在港至今已有四十年多的歷史，ISKCON 雖以奎師那（Krishna）為主要崇拜，但現時信徒方面屬華人較多，其次為非華裔：如印度、澳洲及美國的信徒等，信徒們通常於週末來訪 ISKCON 參與聚餐及為廟堂提供服務，若適逢大型節日，如奎師那（Krishna）的顯現慶典日，當天或會有數百名信徒一同參與活動。

就外部關係而言，ISKCON 強調社群內部的凝聚力，過往甚少與香港其他印度教社群聯繫或共同舉辦活動；而外展方面，ISKCON 將軸心放在華裔為主，主要是以較為生活化的活動進行推廣及外展，如定期舉辦廣東話教學的瑜伽班、以及週末素食聚餐及博伽梵歌講課活動，希望讓更多香港人能夠接觸到 ISKCON。此外，ISKCON 亦不時就非華裔信徒的需要，提供家居到訪講課活動，ISKCON 會根據信徒之訴求，前往該住處為信徒講述有關奎師那（Krishna）的故事，配以唱誦，並為他們設置神壇，讓信徒們能於家中獻燈及點燈。[12]

七、ISKCON 下的香港排燈節

ISKCON 源於印度，故甚為重視印度節日，排燈節則是其中一個信徒們一同慶祝的節日，[13]在香港十月至十一月期間，也能感受到排燈節的氣氛，特別是尖沙咀。於排燈節期間，印度教群體普遍會增添新衣、大掃除、設置不同彩燈、印度神像等，而 ISKCON 的慶祝

12 馮鑫燊訪問，受訪者Lila訪談，二〇二二年一月二十六日於國際奎師那知覺協會（香港）受訪。

13 「排燈節是印度教的重要節日，在排燈節期間，印度家家戶戶點著蠟燭或油燈，象徵著光明、繁榮和幸福。依據印度國定曆，『排燈節』是八月的滿月後第十五天，排燈節一般慶祝三到五天，視所在地域之傳統而定。」全國宗教資訊網：〈排燈節〉，取自https://religion.moi.gov.tw/knowledge/content?ci=2&cid=159，12-04-2022擷取。

方式除上述外，亦會於尖沙咀街頭擺設點燈街站，更有別於其他印度教群體，ISKCON 信徒們會於排燈節的第四天，[14] 到訪 ISKCON 廟堂一同舉辦大型節目——牛增山普迦（Goverdhan Puja），[15] 此是為了紀念奎師那（Krishra）於排燈節第四天舉起一座山的故事。故事源於奎師那（Krishna）勸告牛增山的一名牧人不要再給天神因陀羅（Indra）上供，[16] 因陀羅因而大怒，連續颳了七天狂風、下了七天暴雨，奎師那（Krishna）見狀便單手托起牛增山，舉足七天七夜，將牧人及其家畜保護妥當，因陀羅（Indra）亦因而對奎師那（Krishna）甘拜下風。[17] 為紀念此故事，ISKCON 信徒們會於當天聚首一堂，攜同全素甜品及食物，[18] 於 ISKCON 廟堂的一張長檯上，將食物堆成一座山的形象，堆滿檯面，然後便會於廟堂裡進行講

14 「排燈節普遍共五天：第一天（Dhanteras）、第二天（Chhoti Diwali）、第三天（Diwali）、第四天（Goverdhan puja），第五天（Bhai Dooj）。」同上註。

15 「牛增山普迦（Goverdhan Puja），Puja是崇拜的意思，而Govardhana是Krishna所舉起的那座山之名字，又稱戈瓦爾丹山。」馮鑫燊訪問，受訪者Lila訪談，二〇二二年一月二十六日於國際奎師那知覺協會（香港）受訪。

16 「因陀羅（Indra），又名帝釋天（Sakra），通常被視為暴風雷電之神，形象驍勇善戰，關於其征戰的故事幾乎可見於任何印度教神話之中，亦廣為流傳。」全國宗教資訊網：〈因陀羅〉，取自https://religion.moi.gov.tw/Knowledge/Content?ci=2&cid=597，12-04-2022擷取。

17 彭友智：《100個宗教聖地，100個故事》，（臺北：紅螞蟻圖書有限公司，二〇一二年），頁二七〇。

18 「所有食物皆不能有蛋、蔥蒜或肉類，需為全素。」馮鑫燊訪問，受訪者 Lila 訪談，二〇二二年一月二十六日於國際奎師那知覺協會（香港）受訪。

課，由 ISKCON 的導師向大家解釋該天節日的起源，及慶祝背後的故事及教導，最後信徒們便會崇拜這座食物山。

信徒們會圍繞著這座食物山而繞圈，一邊唱歌一邊跳舞，當崇拜完成過後，信徒們便會將檯上食物分發，ISKCON 稱這些食物為際遇，即指已經供奉過的食物。他們會於廟堂中一同享用食物，舉辦大餐。[19]

八、ISKCON 下的香港街頭點燈節

香港街頭點燈節（Sri Damodara Street Festival），其實是 ISKCON 在排燈節的外展活動，雖然在訪談期間未能追溯到最初舉辦此活動的年份，但此活動早於二〇一四年便有，每年皆會舉辦，通常為期一個月。

香港街頭點燈節（Sri Damodara Street Festival），是紀念達摩達爾（Damodara）偷吃媽媽所製奶油的故事，達摩達爾（Damodara）其實是奎師那（Krishna）的形象之一，達摩達爾（Damodara）是一個嬰兒，他非常喜歡到別人家偷吃奶油，鄰居投訴不斷，甚至以「小偷」稱呼達摩達爾（Damodara），媽媽聞後便十分傷心，便決定自製奶油，讓達摩達爾

19 馮鑫燊訪問，受訪者 Lila 訪談，二〇二二年一月二十六日於國際奎師那知覺協會（香港）受訪。

（Damodara）能夠吃自己所製的奶油，而不再偷吃鄰居的，當時製造奶油的方式甚為傳統，需要利用牛奶不斷攪拌，讓牛奶變成奶油，故媽媽便要一早起床製作奶油。但是達摩達爾（Damodara）起床時，發現媽媽消失了便哭起來，於家中尋找媽媽身影時，發現家中一間房間的天花上，掛滿了已造好奶油的房間，達摩達爾（Damodara）因為個子很小，拿不到奶油，便呼喚屋外猴子幫忙，達摩達爾（Damodara）更以石頭擲破奶油罌，再與猴子們吃得開懷。後來媽媽發現便大怒，一直追著達摩達爾（Damodara）跑，希望能夠懲誡達摩達爾（Damodara），雖然達摩達爾（Damodara）是嬰兒，但其實他也是奎師那（Krishna）的化身，所以媽媽根本不會捉到他，後來奎師那（Krishna）發現媽媽一直追趕的原因，是出自於愛子心切的緣故，希望藉著教訓他而表達愛，最後奎師那（Krishna）便停下腳步，乖乖被媽媽用繩捆綁（見圖7）。[20] 這個故事亦提醒了 ISKCON 信徒，能夠捆綁著奎師那（Krishna）的，並非他們具備多少的知識或進行多少的儀式，甚至是進行多少的修行或苦行，而是愛（Bhakti），所以最初信徒們在慶祝達摩達爾（Damodara）這個節日時，他們會在廟堂中設置神壇、畫像、奎師那（Krishna）和媽媽的神像，讓到訪的信徒於該月獻燈。

後來，ISKCON 的導師啟發了信徒們，如果將此儀式推廣至大眾，於街頭上讓非信徒也能

---

[20] ISKCON Chandigarh, "Damodara-lila – Mother Yashoda binds Lord Krishna". From https://iskconchandigarh.com/damodara-lila-mother-yashoda-binds-lord-krishna/, retrieved from 14-04-2022.

感受到這個節日的意義，透過點燈的方式接觸到ISKCON，及了解到奎師那（Krishna）的故事，或許會讓更多人得益，隨後便逐漸演變成現今的香港街頭點燈節了。ISKCON的信徒們，會在該月份於香港不同地方設置街站，如尖沙咀、佐敦、深水埗、黃埔等地，讓香港人路過時，也能感受到這個節日的氣氛及意義。

信徒們會於平日傍晚時分在街頭設站，攤位上會設有達摩達爾（Damodara）與媽媽的畫像、書籍、酥油燈芯等（見圖8），[21]讓有興趣的人士能夠於街頭上，抽數分鐘點起一座燭光，或是與信徒們透過閒聊的過程中，能夠初步了解到ISKCON的背景，讓更多人能夠得知ISKCON。而且，信徒們相信即使人們不明白點燈的意義及目的，亦能透過點燈的過程中感受到這活動的氣氛，甚至是獲得一些意想不到的靈性得益等。

除了點燈以外，信徒們亦相信唱誦能夠感染各人，因為他們於香港街頭點燈節期間，亦會攜同樂器，於街上邊唱邊奏，不時亦有路人會停留聆聽，甚至會主動接觸信徒，與他們溝通提問，多次傾談的過程中，信徒們發現港人對香港街頭點燈的接受程度甚大，甚至是非常樂意主動了解接觸，故ISKCON未來將會繼續舉辦這活動，甚至擴大覆蓋範圍，盼望能於港島、九龍、新界等

21 「酥油燈芯，是用棉花和酥油所製，這些燈名為『Diya』」馮鑫燊訪問，受訪者Lila訪談，二〇二二年一月二十六日於國際奎師那知覺協會（香港）受訪。

地亦能擺設街站，將香港街頭點燈節傳承下去，讓更多人能夠了解到 ISKCON。[22]

九、結語

從受訪者 Lila 的訪談中，ISKCON 信徒們雖然主要聚首於廟堂舉辦活動，著重內部凝聚力，甚至善用活動——如舉辦瑜伽班、廣東話講課、週末聚會等活動，讓非信徒人士亦能透過體驗的方式接觸 ISKCON，這無疑是善用了廟堂的空間，擴大了 ISKCON 於社區的覆蓋性。除了善用廟堂空間外，ISKCON 亦有利用外展方式，如家居到訪講課活動、街頭設置點燈街站、奏樂唱誦等，於社區之中直接與非信徒接觸，將公共空間轉化為神聖空間，將 ISKCON 的影響力由受制於地區性，轉變為流動性的外展活動，進一步宣揚 ISKCON 的信念。再者，不論是 ISKCON 內部活動或是外展活動中，亦能發現到香港社區中，對於外來宗教信仰的接受程度極高，甚至是樂意主動接觸，才使 ISKCON 逐漸擴大自身於社區中的覆蓋性，由尖沙咀擴展至佐敦、深水埗等地，甚至是冀於未來推廣至港島新界，讓更多人認識到 ISKCON，逐漸形成香港獨有的宗教多元文化。

22 馮鑫燊訪問，受訪者 Lila 訪談，二〇二二年一月二十六日於國際奎師那知覺協會（香港）受訪。

② ① ③ ④

① 香港 ISKCON 的廟堂神像。（圖片來源：國際奎師那知覺協會（香港）Iskcon Hong Kong：〈相片〉，https://www.facebook.com/ISKCON.HongKong/photos_albums, 擷取於2021.11.24）

② 香港 ISKCON 的瑜伽場地，圖中群眾正在跟隨導師進行瑜伽及冥想練習。（圖片來源：國際奎師那知覺協會（香港），〈曼陀 Mantra 冥想〉，https://zh.iskconhk.org/activities/mantra-meditation，擷取於 2021.11.24）

③ ISKCON Hong Kong 所提供的素食盛餐，碟上設有主菜和甜品，配以印度地道飲料。（圖片來源：筆者攝於 2019.11.2）

④ ISKCON 於排燈節第 4 天的食物山。（圖片來源：受訪者 Lila 攝於 2014 年 ISKCON 排燈節牛增山普迦。）

⑤ 2014年排燈節的牛增山普迦（Goverdhan Puja）崇拜活動，ISKCON信徒們正在分發際遇。（圖片來源：受訪者Lila提供）

⑥ 2020年的ISKCON香港街頭點燈節的海報，活動為期1個月。（圖片來源：國際奎師那知覺協會（香港），〈相片〉，https://www.facebook.com/ISKCON.HongKong/photos_albums, 擷取於2021.11.24）

⑦ 達摩達爾（Damodara）被媽媽用繩綁在木樁，寓意奎師那（Krishna）於人性化下的形象時，只有「愛」才能將其捆綁。（圖片來源：Giriraj Swami, "Damodara-lila: Works and Grace". https://girirajswami.com/?p=15012, 擷取於2022.4.14）

⑧ ISKCON於香港街頭點燈節期間，於佐敦彌敦道地段所設的點燈街站。（圖片來源：受訪者Lila提供）

⑨ 路人途經點燈站，點起燭光，並拿取了相關書籍。（圖片來源：受訪者Lila提供）

⑩ 除了擺設點燈街站，信徒們亦會於街上奏樂唱誦ISKCON的曼陀羅。（圖片來源：受訪者Lila提供）

⑪ 不論信仰國籍年齡，只要路人們想來點燈，信徒們也十分歡迎。（圖片來源：受訪者Lila提供）

參考文獻

中文書目

張隆盛：《看見野性印度》，臺北：釀出版，二〇一八年。

彭友智：《100個宗教聖地，100個故事》，臺北：紅螞蟻圖書有限公司，二〇一二年。

英文書目

E. Bryant, M. Ekstrand, *The Hare Krishna Movement: The Postcharismatic Fate of a Religious Transplant*, New York: Columbia University Press, 2004.

E.B. Rochford, *Hare Krishna in America*, New Jersey: Rutgers University Press, 1985.

G. Flood, *An Introduction to Hinduism*, Cambridge: Cambridge University Press, 1996.

網路資料

HK Company Directory：〈國際奎師那知覺協會香港有限公司（CR NO. 0092095）〉，取自https://www.tempb.com/companies/iskcon--international-society-for-krishna-consciousness-of-hong-kong-limited/，24-11-2021擷取。

全國宗教資訊網：〈因陀羅〉，取自https://religion.moi.gov.tw/Knowledge/Content?ci=2&cid=597，12-04-2022擷取。

全國宗教資訊網：〈排燈節〉，取自https://religion.moi.gov.tw/knowledge/content?ci=2&cid=159，12-04-2022擷取。

國際奎師那知覺協會（香港）：〈國際奎師那知覺協會（香港）〉，取自https://zh.iskconhk.org/，24-11-2021擷取。

國際奎師那知覺協會（香港）：〈曼陀Mantra冥想〉，取自https://zh.iskconhk.org/activities/mantra-meditation，24-11-2021擷取。

國際奎師那知覺協會（香港）：〈週日晚間聚會〉，取自https://zh.iskconhk.org/events/sundays，24-11-2021擷取。

國際奎師那知覺協會（香港）：〈廟堂神像 Sri Sri Gaura Nitai〉，取自https://zh.iskconhk.org/events/darshan-times，24-11-2021擷取。

國際奎師那知覺協會（香港）Iskcon Hong Kong：〈相片〉，取自https://www.facebook.com/ISKCON.HongKong/photos_albums，24-11-2021擷取。

Beyond The Boundaries, "International Society for Krishna Consciousness of Hong Kong 50th Anniversary Celebration December 25 & 26, 2020". From https://www.btbmagazine.com/international-society-for-krishna-consciousness-of-hong-kong/, retrieved from 24-11-2021.2

Giriraj Swami, "Damodara-lila: Works and Grace". From https://girirajswami.com/?p=15012, retrieved from 14-04-2022.

ISKCON Chandigarh, "Damodara-lila – Mother Yashoda binds Lord Krishna". From https://iskconchandigarh.com/damodara-lila-mother-yashoda-binds-lord-krishna/, retrieved from 14-04-2022.

作者簡介

主編

林皓賢

香港城市大學中文及歷史學系哲學博士，香港中文大學體育運動科學系博士後研究員，樹仁大學商業經濟及公共政策研究中心研究員。研究興趣為內亞史、古代中國對外關係、軍事史、海洋史、文化研究及宗教研究。合著有《詠春的傳承與保育》、《宗教與香港：從融合到融洽》以及党項夏國史、軍事史相關課題論文多篇。

方金平

耶魯大學東亞研究博士後研究員及歷史系講師。一直致力探討歷史上的跨文化互動以及古與今的對話。合著有《天道廷審：明清司法視野下天主教的傳播與限制》（香港城市大學出版社，二〇二一）以及相關論文多篇。

孔德維

歷史及宗教研究學者，生於香港，現職早稻田大學高等研究所助理教授，關注早期全球化時期東亞文化變遷，尤為關注地域內的少數族群的信仰、身分認同及其與主流社會互動。曾於香港、沙烏地阿拉伯、英國及臺灣多間大學及研究機構任研究及教學職，亦任一八四一出版社總編輯。

韓樂憫

香港中文大學宗教研究系哲學碩士，對了解不同宗教人士的生活及個人經驗感興趣，希望從故事入手促進相互了解和對話。曾合著《街坊眾神：世界宗教在香港》（二〇二三）。

西方宗教

林希賢

香港中文大學二年級生。研習興趣為明末清初社會史。參加計劃目標是希望可透過本次歷史研究計劃，了解更多香港宗教信徒屬靈的意義，亦利用有關建築的獨特性，探討教會與社區之間的連結。日後盼能踏進學術界，為學界發展出一分力。

胡淑瑜

香港中文大學畢業生，有興趣研究本土及各國的文化／歷史小趣事，希望趁還有心力的時候，為香港書寫更多。

陳沛滔

香港大學中文學院哲學碩士生，現職中學中國歷史科教師。研習興趣為中西文化交流史、廣州貿易文化史、香港史。曾參與由倫敦政治經濟學院、馬來亞大學、國立成功大學、嶺南大學、公開大學、樹仁大學、香港史學後進協會所舉辦的本地及國際研討會，並就研究興趣發表過論文數篇。參與是次計劃的目的在於希望以口述歷史的史學方法，了解基督宗教信仰於香港教會中平信徒的意義為如何，亦探討教會建築對於平信徒建構自身信仰的重要性。本著「Ich Dien」（I Serve）的精神，現於香港史學後進協會服務，負責書籍撰寫、籌辦研討會等等工作，立志發展及服務於學術界。

趙子蕎

香港中文大學三年級生。對秦漢社會、生活史感興趣。透過參加本計劃，希望透過本計劃能認識宗教與本地人文的交流，且能以口述歷史的方式與公眾共同分享宗教的歷史。本人亦冀望日後能投身歷史學相關的工作，讓社會大眾能以更全面和有趣的角度了解與探索歷史，享受研究歷史學樂趣。

東方宗教

梁樂婷

香港中文大學宗教研究系四年級，研習興趣為民間宗教、華人廟宇以及佛教藝術，曾任增補香港非遺清單項目調查及研究計劃研究員。

鄭穎欣

香港中文大學文化研究系三年級，副修日本研究，研習興趣為東亞人身份認同的建構、東亞女性的社會角色。曾於天主教勞工牧民中心及母親的抉擇實習，期間接觸到香港社會上不同階層的人，希望能更深入了解香港本地不同社會角色的自我認同。

伍明笙

嶺南大學持續進修學院中文副學士，現為樹仁大學中文學系四年級，研習興趣為符號學、身份建構。曾在教育大學第五屆大學生人文學術研討會發表論文：〈從文學角度淺談宋代各階層的飲食文化〉。

林雪怡

嶺南大學持續進修學院副學士一年級，後成功轉升香港城市大學中文及歷史學系一年級，研習興趣為同觀音菩薩相關的歷史與風俗，參加計劃目標是希望能透過接觸受訪者了解他們的信仰及拜祭習慣，此外希望透過這次計畫更深入了解紅磡區居民與觀音廟之間的關係。

梁穎琪

畢業於香港城市大學專上學院中文副學士。研究興趣為香港歷史和口述歷史，期望通過口述歷史的方式，以紀錄港人的生活經驗、情感故事，達至傳承香港文化歷史，使更多的歷史價值得以保留和繼承。

王紹廷

嶺南大學持續進修學院歷史副學士，現為浸會大學歷史學系三年級，研習興趣為香港史。

王璇

嶺南大學持續進修學院中文副學士，現為香港中文大學歷史系三年級生，研習興趣為元朝史、公共史。

陳晞然

香港中文大學宗教研究畢業生，現於中大伊斯蘭文化研究中心擔任研究助理。當初入學時只想大概了解一下各個宗教的思想，後來的研習內容卻不知為何總是朝著宗教藝術及建築的方向走，更養成了路過宗教場所就停下來拍照的習慣。

李楊詮瀚

香港中文大學文化及宗教研究系學士，研習興趣為宗教圖騰、喪葬儀式。參加計畫的目的是希望從建築物的角度去了解宗教對社區所產生的影響，尤其慈山寺是我校附近一大景點，因此更有興趣去研究。

馮鑫燊

香港中文大學宗教研究系畢業生，現於香港中文大學任職研究助理，在學期間曾於大學生人文學術研討會以〈從上環大笪地看出日治時期的庶民文化〉為題撰文，研究興趣以香港史及宗教在地化現象為主，現望能以研究工作為事業，繼續為我手寫我心。

讀歷史157　PC1120

都市神域：
香港人的聖殿與廟宇

主　　編／林皓賢、方金平、韓樂憫、孔德維
責任編輯／鄭伊庭
圖文排版／黃莉珊
封面圖片／孔德維
封面設計／王嵩賀

發 行 人／宋政坤
法律顧問／毛國樑　律師
出版發行／秀威資訊科技股份有限公司
114台北市內湖區瑞光路76巷65號1樓
電話：+886-2-2796-3638　傳真：+886-2-2796-1377
http://www.showwe.com.tw
劃撥帳號／19563868　戶名：秀威資訊科技股份有限公司
讀者服務信箱：service@showwe.com.tw
展售門市／國家書店（松江門市）
104台北市中山區松江路209號1樓
電話：+886-2-2518-0207　傳真：+886-2-2518-0778
網路訂購／秀威網路書店：https://store.showwe.tw
國家網路書店：https://www.govbooks.com.tw

2024年2月　BOD一版
定價：420元

讀者回函卡

國家圖書館出版品預行編目

都市神域：香港人的聖殿與廟宇 / 林皓賢, 方金平, 韓樂憫, 孔德維主編. -- 一版. -- 臺北市：秀威資訊科技股份有限公司, 2024.02
面；　公分. -- (史地傳記類；PC1120) (讀歷史；157)
BOD版
ISBN 978-626-7346-53-2(平裝)

1.CST: 宗教文化 2.CST: 民間信仰 3.CST: 文化研究 4.CST: 文集 5.CST: 香港特別行政區

214　　112021651